# 阿掖山下的现象级课堂

## 茉莉班新教育故事

金丽 / 著

中国发展出版社
CHINA DEVELOPMENT PRESS

图书在版编目（CIP）数据

阿掖山下的现象级课堂：茉莉班新教育故事/金丽著 . —北京：
中国发展出版社，2021.12
ISBN 978 – 7 – 5177 – 1198 – 8

Ⅰ. ①阿… Ⅱ. ①金… Ⅲ. ①小学教育—教育研究 Ⅳ. ①G622.0

中国版本图书馆 CIP 数据核字（2021）第 024332 号

书　　　名：阿掖山下的现象级课堂：茉莉班新教育故事
著作责任者：金　丽
出 版 发 行：中国发展出版社
联 系 地 址：北京经济技术开发区荣华中路 22 号亦城财富中心 1 号楼 8 层
　　　　　　（100176）
标 准 书 号：ISBN 978 – 7 – 5177 – 1198 – 8
经 销 者：各地新华书店
印 刷 者：北京市密东印刷有限公司
开　　　本：880mm × 1230mm　1/32
印　　　张：9.5
字　　　数：200 千字
版　　　次：2021 年 12 月第 1 版
印　　　次：2021 年 12 月第 1 次印刷
定　　　价：52.00 元

联 系 电 话：（010）68990642　68990692
购 书 热 线：（010）68990682　68990686
网 络 订 购：http://zgfzcbs.tmall.com
网 购 电 话：（010）68990639　88333349
本 社 网 址：http://www.develpress.com
电 子 邮 件：fazhanreader@163.com

# 推荐序：新教育的茉莉花

朱永新

新教育实验发起人，苏州大学新教育研究院教授

不久前，新教育同仁转来中国发展出版社英华老师的一封信和金丽老师《阿掖山下的现象级课堂：茉莉班新教育故事》的书稿，希望我能够为这本书写一个序言。

英华老师在信中说，她绝不是简单地帮助出版方求一个序言，而是因为金丽老师的故事真正打动了她。"一本书很轻，但生命的故事，以生命唤醒生命的故事很重很重。"她希望金丽老师的故事能够惠及更多的父母、孩子和教师同仁。

英华老师告诉我，她走访了金丽老师的教室、校园和家庭，接触了十余位学生及其父母和教师，包括金丽老师自己的父母和家人，对金丽老师的努力、奉献和倾心投入，对金丽老师教育上的灵动、智慧，都有比较全面的了解。英华老师说："金丽老师是一位现象级的完全能将新教育理念活化、活用到每个细节中的年轻的教育家。她的应机逗教、随心设教，以心灵来化育心灵的状

态，是极为罕见的。"

英华老师的热忱与恳切，她对教育的热爱、对一线老师的关切，感动了我。

金丽老师的智慧与坚持，作为新教育榜样教师屡次获奖，在新教育种子计划公益项目中的持续学习，我也早有印象。

2010 年，山东日照成为新教育实验区。那时的金丽还在高兴镇的一所乡村小学任教。相对城区学校，高兴镇的客观条件并不优越，可她全身心地投入到新教育完美教室建设之中，擦亮每个日子，呵护每个孩子，一丝不苟地在乡村学校里演绎着新教育的十大行动。

在乡镇，孩子们的卫生习惯不太好，她就买来脸盆、香皂、毛巾、脸盆架、指甲刀、镜子放在教室的后面，让孩子们经常到镜子前面照照自己，自觉洗手洗脸。

学校楼道里有几个破长椅，上面沾满了灰尘，她就带领孩子们把长椅装扮成一个小小的童话世界，成为大家争相去的地方。

在乡村里，她教孩子们吹口琴，跳竹竿舞、跳绳、踢毽子、转呼啦圈、跳舞、做瑜伽，用艺术唤醒孩子的灵性。

她举办萤火虫读书会，从《夏洛的网》到《鲁滨逊漂流记》，用一本本经典童书滋润孩子们的心灵。

她把父母的力量撬动起来，亲子共读、亲子共演、亲子共游、亲子书信交流、故事爸爸、"大宝家长学习笔记"，每一项活动都创意无限。

金丽老师所带的班级，最初命名为"金星班"，后来更名为"茉莉班"。最后，她也被孩子们和父母们称为"茉莉老师"。

茉莉老师的这本书，把她和孩子们的故事记录下来，成为她与孩子们的成长见证，成为她教育长征的新的起点。

英华老师说，茉莉老师的这本书，是一个"不可多得的教育科研的鲜活样本"。茉莉老师的学校，在美丽的阿掖山下，其实，在新教育的田野上，几乎每个优秀的实验区、每所接触的实验校，都有这样的茉莉老师。他们的确就像茉莉花一样，看上去小小的并不惹眼，却把浓郁的教育芬芳播撒到了千家万户。也正是因为他们的存在，新教育才得到了人们的信任。

所以，写这篇序言的时候，我的耳边不停回旋着《茉莉花》的优美旋律，茉莉的清香也仿佛从眼前的电脑飘溢出来。相信看到这本书的朋友们，一定也会有相同的感觉。

希望教育一线的茉莉花越来越多，希望老师们都能够拿起笔，记录自己的生活，记录生命的芬芳，让更多的幸福、更多的智慧被更多人分享。

2021 年 11 月 10 日，写于北京滴石斋

# 作者自序：生命的原点

亲爱的读者朋友们，我是茉莉老师，我的班级叫作"茉莉班"，我的新教育故事，就是你面前的这本《阿掖山山下的现象级课堂：茉莉班新教育故事》。

孩子们常常惊讶地叫我"魔力老师"，或者欢喜地喊我"疯子老师"。作为一个"孩子王"，我有什么样的"魔法"，又是如何"疯癫"的呢？在温暖悠长的沉思中，我仿佛回到了生命的原点。

## 1. 月光、海洋、外婆的小渔村

蓝天、碧海、金沙滩——山东省日照市的大海边，就是我出生的地方。我的家乡，广阔、美丽、神奇。海风浸润了我的童年，闭上眼睛，一下子就能听到海的呼唤，听久了，甚至会热泪盈眶；海浪常常为我奉上壮阔或温柔的演出，我幼小的心灵中，装满了澎湃璀璨的星河，我也常常出神地看着被撞击的礁石，听它发出坚毅的低吟，把滔天巨浪瞬间揉碎为点点水花，如珍珠般洒落，又回归碧波汪洋；金色的细沙，软软地亲吻着我的双脚，阵阵温暖和安全感从脚底直至头顶；当海风拂过面颊，当月光洒落海面，我知道那是爱的味道和光泽。

我把这段时光称为"海洋生活"，它让我看到了温柔和刚毅的力量，它们浸润在了我的骨子里。

后来，我的生命里，又生长起"感恩"与责任。这要感谢那段独有的寄养生活。

那时，母亲常年卧床，父亲每日骑行去石臼教学，6岁的我，只能到外婆家里去生活。自此，丰厚我生命的日子开始了。

外婆家在一个小小的渔村。村里除了姥姥，还有姥爷的四个兄弟和他们各自的大家庭。他们起初搬到这里纯粹是为了出海打鱼方便，后来就一代代定居在这里。一个小小的孩子寄养在外，竟然没有一点孤独感，更谈不上什么委屈。因为这是一群特别质朴、善良、坚毅的渔民，是他们让我的生命更加完整和丰厚；是他们教会了我如何去爱别人和面对艰难困苦；是他们用全身心示范着搏击风浪获取生存的力量和机会，在黑暗里寻找生命的光点，平安回归。

后来，我对生活的无比热爱与对理想的追求与坚持，都与此相关。

## 2. 特别的爱给予特别的我

正如白朗宁所说："我是幸福的，因为我爱，因为我有爱。"

寄养在外婆家，我常常提篮赶海。一大片沙滩闪着光迎候我，随便用脚丫扭动几下，滑溜溜的花蛤就会从我的脚缝里钻出来。我笑嘻嘻地看着它，它也仰着花脸儿看着我。远处，渔船搁浅了，我看到一大群熟悉的身影，那是我的姥爷们、舅舅们。他们嘴里高亢地喊着"号子"，每一根扁担上都系着硕大的竹筐，呼扇呼扇地。筐子里满满的鱼儿，耀眼地跳跃着。他们的声音是被海风熏透了的，"渔家号子"音调高亢、铿锵有力、旋律优美、有领有和。

喊号子也叫"打号子"，由一个号子手领号，其他渔民唱和。不是每个人都可以领唱，我的几个姥爷是船老大，他们经验丰富，风浪里敢于拼搏，很有权威。他们都是领唱者，号声特别好听，有"啊、嗨、嗷、呦、哎、啦、唵"等。每个声音都代表不同的含义，有成缆号、箍桩号、拿船号、撑篙号、溜网号等十几种。

我最喜欢听姥爷们领着唱"拿船号"。"拿船"就是把船从水中拉到岸上或从岸上拉到水中。船儿看似轻巧，实则十分沉重。拉船的姥爷们、舅舅们需要竭尽全力，力气凝在一起，因此拿船号听起来强劲有力，底气十足，令人荡气回肠。姥爷不出海时，他就给我唱很多海上劳作的号子，其中有一首"溜网号"我最爱听。姥爷哼哼得很有意思。他还用鹅卵石在地上给我画撑网、拿鱼的过程。姥爷说："拉网时手脚要麻利，因为涨潮和落潮只隔一个钟头左右，得把所有的活儿都干完。""溜网号"听起来高亢、婉转，也是我现在常常爱哼的号子。

这就是我最初的"音乐启蒙"教育，鲜活的劳动场景创造了最有生命力的音乐。劳动创造了美，美在一切劳动中。我常常跑动在这独特的"音乐"旋律里，是一个最快乐的音符。筐子在号子声中有节奏地跃动，有时突然动作幅度特别大，于是就会有鱼儿、虾儿跳出筐子。所以，我的小提篮里不仅有花蛤，更有鲜活蹦跳的鱼虾。后来，我回忆起姥爷们、舅舅们会心的笑容，猜想到，他们一定是心照不宣地为我提供"捡鱼虾"的机会，来满足一个小姑娘的快乐，并借此让我和姥姥家的生活得以改善。他们就是用这种厚重如山的大爱和最质朴的方式来呵护被寄养在外的小丫头。至今回忆起，我仍是热泪盈眶，感恩于心。

那段独有的海洋生活，就这样不知不觉为我播撒下热爱音乐的种子，我对乐曲和乐器很敏感，基本一听就会、一学就会，成了一个多艺的老师，我把葫芦丝、口琴、陶笛、竖笛等乐器的吹奏方法教给孩子们，他们往往会惊讶地摇臂高呼："魔力老师、魔力老师！"这个特别的名片就是这样被孩子们一点点认定的。

## 3. 爱的昵称——"列宁"

全村的眼睛好似都在关爱着我。虽然我是个丑小鸭。六岁多的女孩子，竟然不大长头发。即使有，也是稀稀拉拉的几撮黄毛。尤其过分的是额头光光，大家戏言说是太阳太毒，晒坏了头皮，我就常常捂着脑袋，但渐渐发现，大人们说的是假话，因为冬天太阳很冷，头发照样贫寒。

冬去春来，老树抽出新的枝条，我在村头的老树下玩耍，如松鼠般跳着、踩着斑驳的光点。突然，从头顶上方传来一个极为清朗的、含着笑意的声音："列宁，小列宁！"

　　"在喊谁呢？"我四处找，却不见来者，抬头张望，透过晃动的树缝看到一个舅舅在拿着锯子锯树枝。（枝条太长，遮盖住舅舅家的屋顶了。）我仍然玩我的，但是这个叫声越来越有指向性，明明就是喊我的呀。

　　我不知道"列宁"是谁，一溜烟跑回家去问外婆，阳光都追不上我。外婆、外公哈哈笑着说："这可是个好名字。列宁是个好人，是个大人物，了不起，和毛主席一样了不起。"

　　从那以后，这位舅舅见了我就喊"列宁"，我就会特别开心地答应。因为外婆最疼我，她说的话一定是对的：列宁是个好名字！

　　"列宁"的昵称就这样在全村叫开了。有时候，大人们故意不喘气地喊我几次，我就会极为认真地站定，点着头连续答应几次，唯恐怠慢了人家的好意。

　　现在想想，这是多么可爱和有趣的事情啊，一个小孩子被全村人关照、心疼，还把这样一个爱称送给我，让我一直在热情、愉快中成长，他们弥补了我童年中缺憾的父爱、母爱。

　　"'列宁'来走姥姥家了……"村口这一句亲切的招呼，是世界上最美的语言。最质朴、最温暖的亲情，我此生难忘。

　　我想说，正是这样一群充满大爱并朴实到极点的人，铸就了我的善良、感恩与坚毅，它让我的生命更加完整和幸福，人间大爱，有幸发生在我的身上。

　　多年后，我一直从事公益活动，不仅自己身体力行，为西部地区——"大地之爱，母亲水窖"捐建了水窖，更号召孩子们和家长们为西部地区捐建了第二口水窖。

爱是清泉，它带着我们的情谊，汇聚在一起，滋润那片干渴的土地和那片土地上同样干渴的生灵。

## 4. 阅读：奠定精神的底色

我们不仅身体要栖居于壮阔的大自然，同时也需要安放好心灵。阅读，是最好的滋养。但在我生活的那个年代，除了课本，要想阅读大量书籍是多么奢侈的事情。但老天厚爱我。由于父亲对教育事业的挚爱与付出，让年轻的他获得额外奖赏：就在我上小学的前一年，教育局任命他为当地一所小学的校长。这所学校不大，可是有一间简陋的"图书室"，那就是我的大千世界。我怀着神圣的心情步入这个殿堂，脚尖如跳芭蕾一样，轻轻走着，欣赏着一排排书架和光影下的一本本书。

我如饥似渴。小人书是我的最爱。在图文世界里，我看到了过往的历史和各国神话故事，那传神的绘画也为我后来热爱美术、画简笔画打下了坚实的基础。

《瓮山烽火戏诸侯》《萧何月下追韩信》《负荆请罪》《杨家将》《岳飞挂帅》《封神演义》《西游记》《长发姑娘》《日月潭的故事》《青年近卫军》等，这些小人书长着翅膀，带我上天入地，神游中外，感受铮铮铁骨，爱国忠魂；体会童话之美，品味文字之妙。

有了这样的阅读基础，我竟然可以随口"胡编"一些故事，惹得小伙伴们常常忘了吃饭，虔诚地蹲在我的周围神驰。这"激情澎湃"的口头创作经历，对我后来的即兴演讲和写作都有着深远的影响。

可贵的文学启蒙，它们伴随我度过了冬日飘雪、夏日蝉鸣。

我的好学，也得益于母亲的鼓励。母亲虽不识字，但她有一颗灵透的心，我读出的句子她大多能记住，这很神奇！我家的小院子是矮墙，过路的乡亲常常会看到这样的场景：一边是做针线活的母亲，一旁是专心读书的我。夕阳暖暖，他们走路也突然慢了、轻了，唯恐打扰他们眼里的"女秀才"。多么可爱的乡亲们哪！

走进师范学校，有了更大的图书室，这是我阅读历程的起跳。面对"美味"的书香，我闭上了眼睛，幸福在身体流过。世界好似只剩下我和一屋子的书籍：将美好时光献给阅读，构建精神与灵魂的堡垒，不负这纷呈的书香世界。连廊里，紫藤下，教室里，常常会看到我抱着一厚本书在"啃"。夜很安静，文学却把我带进波澜壮阔的世界。我的手抄本积累了巨多的好词美句，它们丰富了我的语言积累，增强了我的语感，它们如同我青春期的"钙片"，给我成长的力量。我在文字的河流中如同鱼儿一样载歌载舞。

"一个人的精神发育史就是他的阅读史。"从教后，为了更好地引领和激励孩子们阅读，我自费为班级购买了很多书籍，并通过制订分级阅读计划，指导孩子们读书。周末，我会精心制作课件，创办线下"萤火虫"书香读书会。如今，萤火虫读书会已经走过了16期的路程。一个人、一座城，我提着小小萤火，在孩子们的心灵花园起舞，孩子们精神的饥饿感被书香充盈。

## 5. 父亲的言传与身教

我在教育领地的成长与点滴进步，都得益于父亲的言传身教。

车尔尼雪夫斯基说："人的活动如果没有理想的鼓舞，就会变得空虚而渺小。"我的父亲是一个有理想的人。说起他管理学校，那真是有一套：腿脚勤、眼睛活、方法多、措施好。他几乎天天"泡"在校园，如同一个忙碌的农人，在不停地检查每一株小苗的成长。他顾及每个老师的自尊，不动声色地帮助他们解决生活困难。他运用教育智慧，开展个性化教学研究，并鼓励老师们写出自己的教学故事。我现在回想，很是惊讶于他先进的管理方法和新教育思想理念。那可是 20 世纪 80 年代，要写教育随笔，一切都靠"我手写我心"。

没有外来的经验，一切都出自本心。父亲就是凭着对教育工作的挚爱，钻到其中，超前几十年做到新教育的"那些事"，着实令我钦佩。我的眼睛好似一台录像机，把父亲润物细无声的工作方法刻录在心里。

后来在工作中，我都会很自然地模仿父亲。班级管理讲方法、求实效，做到"人尽其才"，人人为班级，个个是主人。在我的茉莉班，53 个孩子都有适合自己的事物。从讲台到四壁，从墙壁文化到学具整理，从课间监督到个人礼仪，都有专人负责监督、教育和反馈。其中，让橱柜会说话是茉莉班最亮丽的风景。

　　我根据每个孩子的个性特点，收集真正能打动和启迪孩子心灵的名人名言，贴在他们各自的橱柜上。用一句特别凝练的名言，激励不同个性的孩子，可以精准地开启和增长孩子们的自信。

　　我为家庭遭遇困境的张文文选择了这一句名言：山间的泉水经过一路曲折，才唱出美妙的歌。给积极向上的刘美林：竹根即使被埋在地下无人得见，也决然不会停止探索而力争冒出新笋。

　　张涵钰是个胆小文弱的小女生，遇事会委屈地掉泪，我为她挑选了这样的名言：萤火虫的光点虽然微弱，都能亮着便是向黑暗挑战。平日里我常常鼓励她为班级做事，大胆管理，并把小书架交给了她。当我给班级买来300本书时，这个柔弱的小姑娘竟然带领她的小助手，把所有新书都编上了书号，并让妈妈设计和打印了图书借阅表格。

　　我无限相信孩子们的潜力。人的潜力是巨大的，未来是不可预知的。你给他一个舞台，他就能给你一个精彩；你给他一点空间，他就能给你创造无数辉煌！

　　我遗传了父亲爱管闲事的"毛病"，也继承了他的笔耕不辍。

　　有一次父亲喝完酒，用力捏着小半截白粉笔头，在烟熏的墙上豪迈地写下了这样一行字，且加了重重的叹号：管闲事，乐闲事！直到我们搬新家，这行字还依然闪着光，好似一种宣言，更是一种精神。不识字的母亲告诉我：不能动，不能擦！父亲现在还常说，这辈子改不掉了。退休以后，父亲充分发挥余热，每周为社区居民义务教授电子琴，很多伯伯、阿姨现在都能独自演奏乐器了。还有很多人慕名而来，向父亲学习二胡、电子琴。他的热情一直感染和激励着我。

父亲的文采极好。他也极认真。每逢学期末写总结，他就坐在校长室一个上午都不会动。放学时，我踮着脚往里走，笔尖的沙沙声如春雨，播洒在校园：人，精神抖擞；小树、花儿鲜活愉悦。是啊，他智慧的思想不正如清澈的溪流吗？他能让学校动起来，活起来，父亲就是学校的"活水活源"。我永远是父亲的小影子，每次他站在台上，在掌声中手捧奖状时，我都是见证者。我常想，若是那时候就推行新教育，评选"智慧校长"，我的父亲一定是排头兵。

多年来，我一直坚持父亲曾经的做法，不间断地写"教育随笔"。我把对教育的一腔热情，化作有温度的文字，也养成了爱记录、勤反思、勤动笔的好习惯。我用写作留住了那些闪光的日子，许多感动就会沉淀下来，并能激励故事中的他们。

父亲的言传身教使我终生受益。

爱，是我生命的原点，也是我心灵的归处。


师生之缘，缘定一生。我和孩子们的缘分就是不断地在目送他们的背影渐行渐远，同时期盼着他们的超越与回归。

在无数个孤独的夜晚，我为他们留下这些爱的痕迹。

愿读者朋友们也能在这本小书中找到快乐，产生共鸣。

茉莉

2020 年 8 月 1 日

## 引领成长，向着幸福出发
### ——茉莉班前传

编者按：本文是茉莉老师撰写于2015年6月的"缔造完美教室"叙事材料。文中的"金老师"即本名金丽的茉莉老师，其余名字均为金星班的学生。本书中有部分教学随笔属于金星班的新教育故事。随着金丽老师的工作调动，她所带的班级便更名为"茉莉班"，她也被孩子们亲切地称为"茉莉老师"。让我们继续追踪茉莉老师的足迹，关注她的引领、她和孩子们一起缔造的完美教室、一起度过的"幸福、完整的教育生活"。让我们相信种子，相信岁月，埋下种子，以日以年，守望岁月，静待花开。

各位领导，新教育同仁：

牵手六月，栀子花开，我带着孩子般的欣喜和灿然的心情，问一声：上午好。

感谢各位领导和专家把这样美丽的舞台奖赏给我和孩子们。让我们幸福地分享金星班的可爱故事。

王琳：我们的故事很精彩，我们的班级很芬芳。

（合）五年级四班，是一个懂得感恩、乐于奉献、团结奋进、温馨和谐的大家庭。

韩璐：更是一个生机盎然的乐园、一片纯真圣洁的心灵土壤。

金老师：在这里我们师生共同书写生命故事，每个日子都有漂亮的色彩。

王琳：在这里，金老师和我们一起享受幸福、完整的教育生活。

韩璐：它是我们的第二个家。

金老师：孩子们，那就让我们讲讲家里的故事吧。

韩璐、王琳：好的，金老师。

王琳：我们家的故事——金星班的名字——

金老师：我喜欢叫你们"小星星"。

孩子们：你是我们的"大金星"。

金老师：我们给可爱的班级起个什么名字呢？

孩子们：金老师姓金，我们都是小星星。就叫"金星班"吧！

（合）懂得感恩，热爱奉献，用微笑迎接各种遭遇，用宽容去拥抱岁月。

金老师：班名透着孩子们浓浓的爱，班徽的设计同样让我感动。

王琳：金老师让我们41颗小星星，每个人都积极参与，我们自己设计心目中的班徽，挑选优秀的，班干部们一起讨论，挑选好的方案，整合，我们金星班的班徽就这样诞生了。

韩璐：班徽的中间是一本书，下方的蓝色代表海洋，我们在书海里遨游，"海阔凭鱼跃"；中间是5.4，它和两侧围绕的橄榄枝均为绿色，代表我们生机蓬勃的未来永远鲜绿。

王琳：三颗星星，中间是大金星——金老师，左右两颗是金星班的"小王子"和"小公主"们，我们这一群童话里的幸运儿，彼此簇拥着、鼓励着。

韩璐：上面的蓝色代表天空，金老师希望我们有蓝天一样的广阔胸怀。做天空中最亮的星星。那是"天高任鸟飞"的自由和高远。

金老师：我希望这个家里的每个孩子都懂得感恩和奉献，拥有优雅、儒雅的书香气质。

王琳：所以，金妈妈和我们一起决定把班歌确立为《感恩的心》。

金老师：我既要让孩子们感到大家庭的温暖和友爱，也希望孩子们能享受到小家庭的和谐和美好。

韩璐：我们一直在努力。我们不仅有自己的班徽，金老师还激发我们设计小组名片、小组图腾，一个个小组争奇斗艳，一个个小家都很精彩。

王琳：每天早上，在组长带领下，"一家人"共读小组精神、抒发小组愿景、激情唱响"组歌"，开启一天的幸福生活。每天，我们用晨诵吻醒晨风，用美妙的诗歌开启美好的一天：让生命得以舒展。

韩璐：午读：用美丽的童书滋润我们的童年。

金老师：一个人的精神发育史就是他的阅读史。个体的精神成长不完全依靠基因和遗传，而与后天阅读息息相关。很多家长都抱怨孩子们迷在电视上，但我们班的家长极少有这样的惆怅。

王琳：因为，金老师让我们迷上了读书。夕阳西下，我们进行别样的"暮省"。我们在组长的带领下面向"组徽"鞠躬话别，说说自己的收获，说出自己的小错误和不足，诚恳接受组员的建议和监督。我们每个人都朝向美好出发。

金老师：当然，对于私密内容，或难为情的事情，孩子们可以单独找金老师来说说。我会热情帮助他们，做他们最好的朋友，保守秘密。

## ●完美教室、完美家长，家校共育促发展

金老师：在一定程度上，家庭是教室的延伸，是另一个重要的教室。没有父母的成熟，很难有孩子的成熟。所以，家校共育是非常重要的。因此，完美教室也一定是教师与父母充分交流、交融的教室，是父母充分参与教育教学的教室，是学校和父母高度认可的教室，没有他们的认可和信任，不是真正意义上的完美。

韩璐：金老师把我们的家长请进来，让他们参与班级管理，一起和我们听课，课间帮助金老师处理班级事务。在金老师离家学习的日子里，都是我们的家长叔叔和阿姨来管理金星班的班级生活和学习。

王琳：他们写下了工作笔记，记录自己的工作内容，对我们金星班给予了高度评价。

金老师：只有家长参与、体验，懂得、理解，他们才会认可、支持班级工作，才会教育自己的孩子感恩老师，才会更好地"亲其师，信其道"。聆听"家长讲故事"，可以了解叔叔阿姨、爸爸妈妈是如何在社会这个大课堂中成长起来的。同时，也增进了亲子关系，促进了家校共育的发展。

王琳：我们听了王小钰的爸爸如何艰苦创业，如何从事煤炭行业，从一个穷小子成了今天煤炭行业的领头羊。他的坚韧、大度、懂得分享的品质，深深感动了我们。

韩璐：滕浩凯爸爸与我们分享了如何持家过日子，如何孝敬老人，如何渡过家庭难关。让我们懂得了坚持、善良、孝心的重要。

金老师：家长们的美德故事生动地教育了孩子们，他们从内心深处思考着，行动着，变得越来越勤劳、有担当、有生活的热情和面对困难的勇气，人生态度更积极，这让我非常欣喜。

榜样家长的敬业精神已经深深打动了我。班级管理得井然有序，我也尝到了家长进课堂的甜头，不禁思考更远的路……

**1. 快乐和谐，充满生命活力的课堂**

课堂是教育生命的策源地，是师生生命成长的主阵地和根据地。朱永新教授说：理想的课堂应该创设一种平等、民主、安全、愉悦的课堂气氛，应该以知识本位、学科本位转向以学生的发展为本，真正对知识、能力、态度有机整合，因材施教，充分体现课堂的生活性、生命性和发展性。

### 2. 小组长的培训

让智慧在这里产生碰撞，让知识、生活、生命在小小的教室里产生共鸣，课堂就悄然进入"理想"境界。

### 3. "丽阅读"到"理阅读"

阅读，让青春更亮丽，让内心更"理性"。

步骤一：从"丽阅读"到"理阅读"突出语文海量阅读，让孩子们在书本这个百花园里做一只美丽的蝴蝶，穿行书页，进行美丽的蜕变。我和孩子们如同一只只"小青虫"，穿行在课文阅读里，从中咀嚼文字的味道，汲取着营养。渐渐地，我们长出了翅膀，然后粘着一身"花粉"，飞舞着回到课堂，把"话语权还给孩子们"，让孩子自己说，自己讲，自己感悟，我来聆听和适时指导。这样的"丽阅读"是华丽而温暖的。同时因为有了我的参与指导，又是"理性的""有舞步的"。

步骤二："站在文本，跳出新舞步"。以文本为轴心，巧拓展，选定与教材紧密联系的课外阅读材料，定期进行读书展示活动。或者写出读书笔记，在班内传阅。这又是一次对文本内容的延伸，也是一次新的阅读之旅。

请听听孩子们口中的金老师课堂。

王琳：我们的课堂，幽默、有趣，每个人都有说话的机会，每个人都是学习的主人。

韩璐：我们的课堂少了些严肃、单调，多了几分欢声笑语。

王琳：柳树下是我们的课堂，我们一起读书，享受阳光、晨风的美好。

韩璐：我们可以走着上课，我们可以仰望着蓝天背诵课文。

王琳：我们可以热烈讨论，大胆质疑。我们可以变成小老师，上台赛课。在每堂课结束前的几分钟，是我们最快乐的时候。

韩璐：我们的课堂又是"快乐的跳蚤市场"。

王琳：我们的课堂是有触角的，当我们学到《古代丝绸之路》这篇课文时，金老师就把习近平爷爷提出的"一带一路"倡议做成课件，让我们知道了什么是"海上新丝路"，给我们打开了新视野，让我们感受到了国家领导人的韬光晦略和如海洋般广阔的胸怀。

韩璐：金老师经常结合课本知识带我们看相关的电影，还让我们写观后感；认真批改后，又把读后感、观后感变成演讲稿，给我们提供口才培养的机会。谢谢金老师。

金老师：谢谢孩子们，不一样的课堂，不一样的眼界。教室是没有壁垒的，孩子们需要有凝望世界的双眸，尝试成功的勇气和一颗感恩的心。只要有孩子的地方，就是教室。理想的课堂还需要向社会生活延伸。

## ●聆听窗外，朝向精彩

金老师：生活处处是教育。聆听窗外声音，是拓展师生视野、提升师生学习能力的有效途径。

王琳：朱永新爷爷说过，如果教师缺乏人生阅历，就难以点燃孩子的人生激情，难以成为孩子心中的榜样。

韩璐：金妈妈正是这样一个有激情和活力的快乐音符，总把我们的日子编成一首歌。

王琳："春节伴我行"活动中，金老师带领我们去赶年集，写春联，通过她写的博文《牵手农历的天空》，让我们感受浓浓的年文化，我们知道了许多春节文化知识。这个春节过得有滋有味。

韩璐："风筝节"，放飞童年，拥抱春天。金老师让我们自己收集有关风筝的古诗、各地过风筝节的文化，带我们在操场上放风筝。在活动中，我们创作了许多"风筝儿歌"、风筝绘画，制作了风筝手抄报。

王琳：通过采春茶、参观现代化的茶厂，我们知道了茶叶的制作流程，并亲手参与包装，体验到了劳动的快乐和辛苦。

韩璐：我们去体育健身器材厂，亲眼看到了体育产品的制造、加工，了解了产品的销路和发展前景，学到了许多课外知识。

王琳：我们参观了煎饼加工车间，了解了一个了不起的日照人——尹相善。他发明了"一煎香"煎饼机，还上过中央电视台《我爱发明》栏目呢。这是我们山东人的自豪。

韩璐：他敢于创新的精神和克服困难的勇气以及坚持梦想的力量，都深深震撼着我们的心，让我们懂得了要做有胆、有识、有情、有义、有趣的人。

王琳：企业家、普通工人、退休老干部也被金老师请进了教室，成了我们学习的榜样。他们让我们知道了不同岗位的人，只要奉献社会，就能实现自身价值。

韩璐：只要行动，就有收获；只要坚持，就有奇迹。在"聆听窗外"的路上，我们跟着金老师，收获了许多，感悟了许多。谢谢老师。

金老师：我们依然在路上……愿意牵着你们的手，走在田野乡间。让孩子们走出教室，多听听窗外的声音，让他们学会崇拜，让他们对未来充满激情。

## ●穿越课程——润泽生命

王琳：朱永新爷爷说："教室一头挑着课程，一头挑着生命。没有生命绽放的教室，就不可能是完美教室。"

金老师：缔造完美教室，就是要让教室里的每个孩子穿越课程与岁月，在各方面训练有素又和谐发展，并一天天地丰盈着、成长着。

"让每个孩子健康快乐成长"是班级发展的重要目标。而体育活动是促进儿童健康成长的重要途径。良好的体育运动不仅能增强儿童的体质，还能使其个性得到发展。

## ●感恩课程，润泽心灵

王琳：在天地间，中华民族是最懂得感恩的民族。

韩璐：是谁哺育我们？是谁教育我们、保护我们，让我们过上了幸福的新生活？

金老师：构建感恩文化，让学生在学习中明理；开展感恩活动，让学生在活动中蓄情。

韩璐：金老师以"孝为先"为主题，引领我们学习"二十四孝"的故事。

王琳：画二十四孝漫画、讲二十四孝故事、看二十四孝动画、给动画配音，这些让我们在心灵受到洗礼的同时，也培养了我们的卓越口才。

韩璐：给父母写"感恩信"、算算亲情账、讲讲亲情故事，深切感受父母无私伟大的爱。开展给父母做饭、洗衣，陪父母聊天、散步等活动，让感恩融入我们的生命。

金老师：关注感恩细节，让学生在生活中践行，实施感恩评价。

王琳：我们班23名同学已经获得了班级"心灵花香"激励卡，为自己的家庭和小组争了光。我们班还被评为"感恩特色班级"呢！

韩璐：金老师还号召家长们及时行孝。金老师说："孩子身上映着大人的影子，家长如何做，孩子就会效仿。"

我们还编了快板来颂扬孝为先的美德。我们的感恩活动还有很多。金老师带我们植下一棵金星树，留下春天给母校。

王琳：感恩金老师把感恩的种子撒在我们心里。

## ●卓越口才，让自信飞扬

### 1. 每天三个"一分钟"

（1）一分钟"头脑风暴"

王琳：为了培养我们的卓越口才，金妈妈给我们买了一套音响。她说，要让我们听见自己嘹亮的声音，增加自信心。

韩璐：把毫不相干的几个词语很快连成一句话或几句话，不能遗漏，而且要用得恰当，这对我们是一个很大的挑战。在这样的活动中，我们的思维更加敏捷了，语言组织能力也大大加强了。

（2）一分钟说"历史上的今天"

王琳："金老师带你穿越历史上的今天"系列博文，让我们了解到历史上每个瞬间的风云变幻。后来，金老师让我们自己上网搜集、整理、归纳、编辑资料，带我们在历史中"穿越"，"说历史上的今天"，让我们大开眼界。

（3）一分钟"金星新闻我来播"

金老师：为了让孩子们开阔眼界，"家事、国事、天下事，事事关心"，我在教室里开辟了"新闻角"，"金星之声"新闻诞生了。我制订了详细的"朗诵与主持"计划，播音人员严格按照"新闻主播值班表"进行有序的工作，选稿、编辑、整理、播报。

王琳：听"金星新闻"，知天下事，做心怀天下之少年！

韩璐：我们的目标就是做最好的自己。

### 2.语文课堂，就是口才训练基地

韩璐：金老师经常让我们写读后感、观后感，哪怕是一次体验，她都会认真批阅。经过认真修改，三稿就变成了演讲稿。老师的讲台，就变成了我们的演讲舞台。

### 3."课程"+"课程"

给动画配音。

### 4.把课堂当"舞台"，课本剧里练口才

王琳：在金老师的指导下，我们先后排演了《晏子使楚》《半截蜡烛》《打电话》《桥》《将相如》等课本剧。我们自己设计服装，自己制作道具，实在过了一把表演瘾，同时提高了口语表达能力，增强了自信心。

### 5.班会我来讲，竞选我参与

金老师：让孩子们来主持班会。班里每个学期都会改选班干部，每个参与竞选的孩子都要准备好竞选演讲稿，这既可以体现改选的公平公正，又不失为锻炼学生口才的一次机会。

### 6.走出校园，参与比赛，提升和证明自己，增强自信

金老师：为了验证孩子们的口才水平，我努力争取各种参赛机会。在区、市、省赛舞台上，都留下了我的孩子们勤奋的身影，也取得了优异的成绩。

韩璐：在"卓越口才"的道路上，我们找到了自信的力量，勇敢的表达、快乐的讲述、机智的辩驳、成功的挑战。

王琳：看到同学们骄傲的微笑，看到我们收获的成果，我们

无比自豪！

## ● 生命教育课程

王琳：金老师让我们懂得了珍惜生命的遇见，懂得呵护幼小的生命，哪怕是小小的鱼儿和羽翼未丰的鸟儿。

韩璐：我们在教室里开辟了"生活角"。在那里，养着大龙虾、小乌龟、小鱼儿。每天，有这些小生灵的陪伴，我们的学校生活就更有生趣了。

王琳：下课时，我们会看看它们如何自由地游玩，给它们喂食物。

韩璐：飞来的小鸟儿让我们心疼，它的翅膀受伤了，羽毛也没长丰满。金老师和我们一起悉心照顾它。

王琳：我们呵护每一株花儿，精心照料它们，我们班的"花仙子"们，还要每天写"花语日记"，记录花儿的成长。

金老师：此外，我们还开展各种活动，加强生命安全教育，比如如何防止溺水等。

王琳：金老师给我们上生命教育课。看到了那么多逝去的生命，我们泪流不止。希望他们一路走好……我们身后有一个强大的祖国，所以，我们无所畏惧。

韩璐：生命如花，生命如歌。看到那些身残志坚的人让生命绽放出美丽的光彩，我们不禁深思，究竟要怎样活着。每个同学都在心里写下了一个最美的答案——为了美好的明天，为了可爱的祖国而努力学习，做一个有益于社会和国家的人。

王琳：为了进一步把珍爱生命的意识根植在心中，金老师又把铁路警察请来，为我们讲解铁路安全知识。我们不仅了解了铁路的发展、火车机车的发展和我国铁路发展现状，更看到因为不遵守铁路交通规则，造成了一桩桩的惨案，害己害人。

韩璐：我们懂得了怎样安全过铁路，怎样遵守铁路交通规则。并做好铁路安全小卫士，宣传"铁路安全知识"。为此，我们班级获得"铁路爱路护路榜样班级"的光荣称号！8名同学获得了"爱路护路小卫士"的称号。

金老师：让孩子们感悟生命的美好，懂得用生命获得生命的快乐是最幸福的。我给孩子们编创了童话剧《快乐花园》。

面对父母，一股感恩之情在心里涌动，生我养我的是父母，疼我爱我的是父母。辛勤劳作，辛苦奔波的是父母。牵肠挂肚的，还是父母。12年的成长历程，12年的养育之恩。父母对我们的付出，用语言是难以表达的，让我们向父母深鞠一躬。此时此刻，展现在父母面前的，也许是孩子牙牙学语的画面，也许是孩子蹒跚学步的情景。12年的辛苦付出，换来的是孩子们今天的长大成人。拥抱你们的父母吧，对他们说——我爱你们。愿你们在今后的人生路上，用实际行动来回报父母无私的爱。孩子们，让我们用掌声祝福父母们健康、平安、幸福。

也祝福各位领导、新教育同仁们，一生幸福，祝福您的父亲母亲，健康平安。

王琳：愿天下父母，别忘了留一份爱给自己。

## 素心高怀逞芳菲
### ——茉莉老师简介

　　茉莉老师，本名金丽，山东省日照市人，任教于山东省日照市岚山区实验小学。中共党员，一级教师，全国新教育的领军人物，引领基层教育领域的教师同仁们在新教育的沃野上勤奋耕耘，致力于基础教育的现代化。

　　茉莉老师从教 25 年，在基础教育领域多有创新，是一位现象级的青年教育家。她倾注全部心血"缔造完美教室"，研发卓越课程，丰盈孩子当下的幸福；身体力行推动区域阅读，建立"萤火虫读书会"，以亲子共读点亮了港城孩子阅读激情，引领了书香社会建设。2019 年，茉莉老师荣获"阅读改变中国年度点灯人"提名奖。教学之余，她笔耕不辍，坚持每天撰写教育叙事，记录师生成长足迹，达 460 多万字。她积极发挥自身的示范引领作用，帮助教师们专业成长，推动学校发展，先后在全国新教育会议上，在各省市、区、县完美教室培训班上，在新教师培训会上作报告；她带领"茉莉班"数次向各省、市参观者展示了"缔造完美教室”的做法和取得的成果。

2017年起，"茉莉班"的成功探索开始在新教育实践中崭露头角，荣获该年度全国"十佳完美教室"；茉莉老师本人则先后获得全国新教育先进个人、全国十佳榜样教师、市优秀班主任、日照最美教师、国家优质课特等奖、市卓越课程一等奖等荣誉称号。2018年4月，又获得"山东省明星教师"荣誉称号、荣获第六届《教育家》"寻找大国良师"优秀奖。她的事迹也为《日照日报》、日照电视台以及山东教育电视台、《当代小学生》杂志等媒体多次报道。

# 目录 Contents

第一章

**爱如春雨**

## 1. 柳荫下的读书郎

我常常这样形容自己，如同一只蜗牛，背着课堂行走。

课堂究竟是什么？传道授业解惑之地。而我们学习的知识都是来源于已知经验，难道仅仅是让孩子坐在四壁之中被动接受知识吗？

"让学生经历美好的课堂生活，体验当下学习的快乐和幸福。"

"课堂没有场所，想学的地方就是课堂。"

当我读到这两句话时，泪水夺眶而出，之前所有的不认同、不理解，都化成美丽的星星，点点灿灿，装点着我的心，丰盈而温馨。

是的，课堂就是幸福基地。它必须真实和自然，法布尔的课堂在大自然，小狮子的课堂在森林，小鱼儿的课堂在水里，雄鹰的课堂在天空。孩子们的课堂也一定不能脱离于此。我们可以观察鸟儿怎样捕食，了解小蚂蚁怎样把大于自己身体几倍的食物搬回洞穴，可以观察鱼儿怎样进食，小狗怎样和小兔玩耍……这样的课堂难道不是最生动、最真实的吗？

我的孩子们生活在农村，他们与沉默的大地有着天生的亲近感，那种朴实和自然，可以一下子融入描写农村题材的文本世界。所以，我特别喜欢带着孩子们到大自然里，到操场的大柳树下去品书，去感受那份惬意和愉悦。

我们一起坐在柳荫下，看风拂柳，听伙伴朗诵，谈论一个话题，感受智慧碰撞，任笑声、读书声、风过柳梢声，声声入耳。

把《阳光》读进心灵，闻着青草香读透《乡下人家》，品着槐花读懂《槐乡的孩子》，最能理解《春雨的色彩》在乡间是怎样的美丽，最能体会《红领巾真好》的自豪与快乐。我们不怕《在

野外迷了路》，可以从另一条山路迂回。孩子们可以踩着《春雨》过家家，他们可以很有经验地在大自然里去寻找《蟋蟀的住宅》，可以抱着"白鹅"来学习《白鹅》，可以看着满墙的爬山虎来探究《爬山虎的脚》。每每走在村子里的小石桥上，会温暖地想起《搭石》流动的爱……我和孩子们陪着这些美得如童话的课文，也陪着操场上的老柳树走过《四季》。树上的喜鹊在聆听，巢穴里的《两只鸟蛋》在聆听，经过这片天空的白云也曾驻足。这是怎样的幸福啊！

柳荫下，我们还可以用树枝当钢笔和画笔，在大地上写字、作画，那么自由，那么难忘。那刻入土地的笔画，深入内心；那融着泥土芬芳的图案，那么质朴，但又那么可爱。

我爱柳林风声，我爱柳荫下琅琅的读书声，那是我和孩子们别样的世界，一个自由、纯真、甜美的世界。

## 2. "小卫生局长"李业涵

李业涵，尖脑门，黑瘦小长脸，调皮的花样层出不穷，能老老实实坐住三分钟，都要付出很大的努力。尤其是那张小脸蛋，彩云朵朵，几乎看不清真面目了。

最头疼的是他的"小暴力"行为。班上女生经常哭着来告状："老师，李业涵总是拽我的小辫子，还在上面粘纸条。""老师，上美术课他抽我的板凳。""老师，他把小虫子放在我的帽子上。""李业涵……他……他自己没完成作业，把我的名字改成他自己的名字了！"我认真倾听着，并不断给她们一个个承诺。唉！这样一个孩子！怎么办？真是连做梦都有女生在告他的状。

静下心来，还得从孩子身上发现闪光点，才能"有的放矢"。

我开始观察他，果然，有新发现。

那天早上，我值班，七点半准时到校。登上二楼，猛然发现一个背影，拿着拖把在认真地拖地，地面亮得都可以照镜子。"真是个好孩子！"我心里想，再走近一看，天！竟然是他，这个让我纠结的小男生，"尖脑门、黑瘦小长脸、小小脸蛋、彩云朵朵"。我没看错呀！"业涵，来得真早，地……这个地面全是你拖的？"李业涵歪着小脑袋看看我，没有说话。

"真是个拖地小能手！你看，地面都可以照镜子了。看，'镜子'里也有一个好孩子，咦，怎么这么像你呢？"我拉过他看看明镜似的地面说，"对呀，他的名字就叫李——业——涵！"我弯下腰，向他伸着大拇指郑重其事地夸他。霎时，这个"小霸王"竟然害羞地脸红了，右脚脚尖还不停地转着蹭着地面。

铃声响起，孩子们呼哧呼哧地跑进教室，待班长喊过"起立"后，大家坐下，我让李业涵单独站着，准备宣布一件事。其他孩子一看，特别兴奋，尤其是那些平时老受他欺负的小女生，更是挺直了身子，准备看我如何惩罚这个"坏小子"。我被这一群机灵的孩子逗乐了。

"孩子们，今天，金老师给你们讲一个故事，名字叫'尺有所短，寸有所长'。"孩子们用期待的眼神看着我，我娓娓道来，小家伙们听得很认真，他也听得出奇的好。是因为单独站着的缘故？看来"引人注目"有效果。

"孩子们，故事好听吗？""好！""那谁来说说你的感受呢？"这时，博学的小班长刘普华站起来说："老师，我觉得每个人都有缺点，也有优点，要互相学习。"你真是我肚子里的"蛔虫"啊！我要的就是这样一个引子。班长啊，感谢你的总结，恰到好处！

抓住这个引子，我赶紧接过话，"是啊，就像我们班的李业涵同学，就很让我感动。"此话一出，全班愕然！他们肯定在想：金老师要耍什么花样？我真想笑，这时可得绷住。"今天早上，你们有没有发现教室的变化？"孩子们争先恐后地说："地板干净了。""教室好像亮了。""知道是谁干得这么棒吗？""班长？""老师！"孩子们猜测着，我摇摇头，认真地说："李——"教室里突然安静下来，甚至还带着一种小小的紧张气氛。"——业——涵"。

"啊！——啊？"

教室里一片哗然！接着，一秒、两秒、三秒……一阵小沉默，突然响起了一阵热烈的掌声。

我被孩子们的聪明和默契感动了。被感动的还有一个人——李业涵。

此刻我忽然听到了一阵啜泣声。哦！原来是李业涵哭了。

掌声更响亮了，这个孩子干脆放开声音哭个痛快，我无法想象他现在的心情，但我能理解他。这将是一个巨大的转变，我坚定地认为。

我的眼睛也湿润了，"同学们，谁同意选李业涵同学成为我们班的'卫生小局长'，请举手！""唰——唰——唰"，全体通过。我走到他身旁，鼓励他抬起头来，看看自己的选票。

"哈哈哈哈……"我们所有人都捧腹大笑，李业涵那擦过眼泪的脸上"彩云朵朵"。

外面的天空很美，白云朵朵，像洗过一样，干净得很……

### 3. 阳光课堂

当阳光悄悄地挪移到教室里时，孩子们已经开始晨诵了，看到一张张渐渐成熟长大的脸，思绪回到了那时、那刻……

亲爱的孩子们，我们今天应该和哪一课美丽的文字拥抱了呢？

稚嫩的声音响起——《阳光》。

我喃喃道："阳光……阳光……"突然，一束调皮的光跑到我眼睛里，我的心倏地闪了一下，脑子里冒出来一个念头，"为什么不出去，用'阳光'开启《阳光》呢？"好，就这样，不管那样这样的眼光，只要孩子们心中留下真正的阳光就好。

"孩子们，今天金老师送给大家一个礼物。"一听有礼物，小星星们的眼睛里便熠熠闪光。我笑了，"这个礼物啊，看得见，摸不着，挂在天空，嘻嘻笑，笑得夏天好热，春天好暖，秋天好凉，冬天好冷。猜猜它是什么？"

"太——阳！"他们异口同声，好聪明！

"老师，怎么送呢？就一个太阳哦？"调皮的杨堃问。其他的小脑袋也疑惑地歪着。

我也侧歪着脑袋，逗他们说："可以把课堂搬到外面啊，到操场上去上《阳光》这一课，好不好？"

"耶！""金老师！"呵呵，又是调皮蛋杨堃。"好好哦。"小女生优雅地拍着手。我把头朝外一摆，说了声："站队！"一群孩子就"唰"地闪到走廊里，语文课本都齐刷刷地夹在右腋窝下面，左手统一挎着小板凳，那真是像小战士一样"快、静、齐"。我满意地点点头，优雅地伸手示意，小班长就喊道："齐步——走！"向着操场出发。

哦，阳光地带！操场热情地拥抱着我们。"孩子们，跟太阳爷爷打声招呼吧！"

"太阳爷爷早上好！"稚嫩的声音飘到云彩上面了。

"亲爱的孩子们，找找阳光都在哪儿呢？"

秦亚菲认真地说："金老师，就在我们眼前，看，它温暖地洒在了我的脸上。""老师，阳光洒在了花花草草上。""我看见阳光还洒在金老师长长的头发上了，变成金头发了！"梁云柯惊喜地说着，还伸手想摸摸我的头发，我赶紧半蹲下来，满足

她的心愿。好有诗意的女孩子！我赞叹道。

"老师，我看到阳光洒在了小蝴蝶的翅膀上，晒干了它的翅膀，它就可以飞翔了。"陈琳兴奋地说。

我惊叹于孩子们的想象力和观察力，更觉得今天这样上课是非常正确和有意义的，将来，会刻在孩子们的记忆里。

我赞赏着他们，引领着他们，慢慢散步在宽阔的操场上，我让孩子们用声音、用各种感官去感受阳光，这样做，不断引来一串串奇妙的语言描述：

"金老师，我闻到阳光是橙子味的！"

"不对，阳光是苹果味的！"不知谁争辩着。

"阳光和白云一样，软软的。"

"阳光是温暖的。"

我惊喜得眼睛都湿润了，看着这些可爱的孩子：有的仰着头闭眼感受阳光；有的伸手抓握阳光；有的甚至伸出舌头舔着阳光；调皮的王圣洁干脆躺在地上，把四肢伸展开，来个日光浴。我欣赏着，微笑着，倾听着孩子们最真实的声音、最真实的感受，感到自己也变成了一束阳光。

"老师，阳光也是黑色的吧！"虽然声音不大，却那样不协调，所有人的目光都在搜寻那个奇怪的声音，皱着眉头思索这个"阴冷"的想法。

"秦小阳，为什么这样说？！"有几

个孩子找到了这个声音的主人，不满意地质问。

大家异样的眼光并没有击败这个勇敢而又个性十足的孩子，我向她点点头，表示愿意和支持她说下去。小阳抬起头，悠悠地说："盲孩子的眼里，阳光是黑的。"

孩子们都不说话了。我轻轻拍了拍秦小阳的肩膀说："首先金老师要表扬你，因为你的想法与众不同，你是个爱思考的孩子，想到了让人心疼的盲孩子，你真是个善良的孩子。我们把掌声送给小阳，好吗？"聪明的孩子们热情鼓掌，我随即又说，"孩子们，虽然盲孩子看不见，但就像有的孩子说的，'阳光是温暖的''阳光是酸酸甜甜的'，所以，盲孩子的心里也能感受到阳光，也会很开心地生活在阳光下，对吗，小阳？"秦小阳快乐地点点头，其他孩子都快乐地回答："是！"

看到一向孤僻的秦小阳也露出了笑容，我开心地喊着："孩子们，现在，让我们站在阳光下，有感情地朗诵《阳光》这一课，好吗？"

"好——"

于是，蔚蓝的天空下，泥香的操场上，阳光的声音飘向了远方，太阳，在听我们大声朗诵。

阳光像金子，洒遍田野、高山和小河。田里的禾苗，因为有了阳光，更绿了。山上的小树，因为有了阳光，更高了。河面闪着阳光，小河就像长长的锦缎了。

早晨，我拉开窗帘，阳光就跳进了我的家。

谁也捉不住阳光，阳光是大家的。阳光像金子，阳光比金子更宝贵。

是啊！阳光比金子更宝贵，如同孩子们透明而芬芳的心灵。

## 4. 不可小觑

孩子们喜欢运动，干脆，就让他们玩个痛快。

我到体育器材室借来一堆呼啦圈，分给孩子们。本以为他们也就稍稍地摇一摇。但毕淑娴让我瞠目结舌！只见她小小的腰身如同魔幻般不间断地摇动，竟然达 600 多个，若不是亲眼

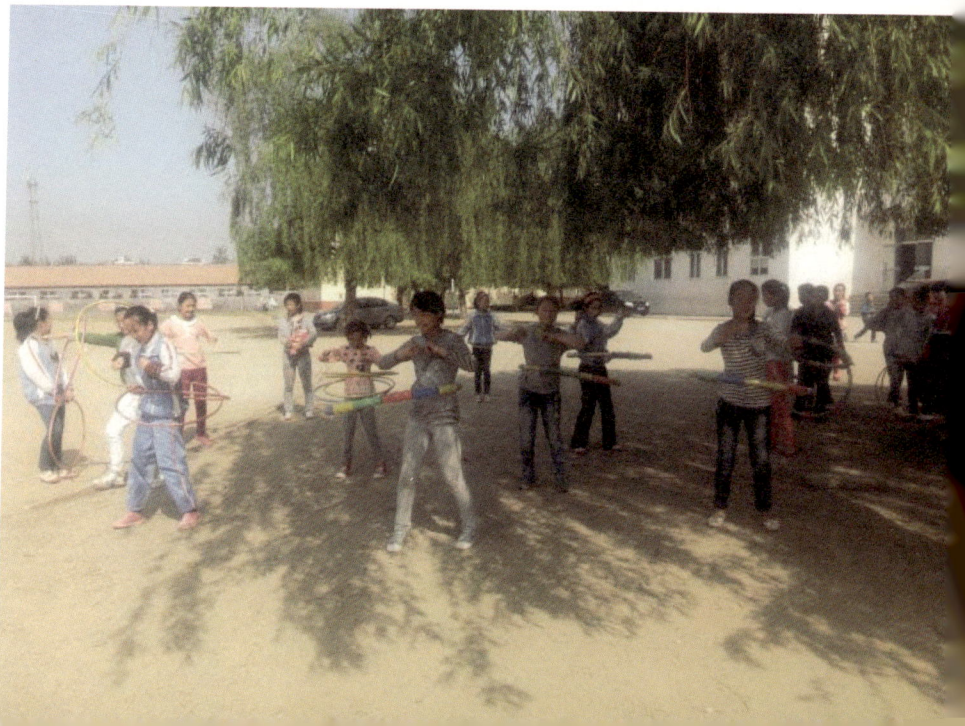

所见，我简直不敢相信这竟然是全班最不起眼、最瘦弱的她所为啊！

"任命毕淑娴同学为'呼啦圈'同心圆队长，带领大家把一个个小星球转动起来。好不好？"在掌声里，她抿着嘴笑了，我第一次发现了她嘴角翘得倔强。

这个小姑娘内心该有多强大呀！从一年级到现在，时间忘记了让她"拔节"，个头还停留在一二年级的高度。就是这样一个女孩，带领大家在操场上把空气搅动起来，五颜六色的圈圈在旋转着，每个孩子都很努力，他们从毕淑娴身上汲取了力量，觉得不能辜负这个可爱的小队长的信任。

没想到，短短三天时间，毕淑娴就"强化训练"出一批转圈高手。而且，这个了不起的小姑娘竟然挑战自己，由一次旋转一个，渐渐增加呼啦圈。接二连三的圈圈从天而降，毕淑娴扭动身体，灵活"穿过"，她瘦弱的身体完全被炫目的光影包围住了，如同一个小仙子乘着祥云从天而降了。

孩子，我很佩服你，我从你身上学到了更多的坚强，谢谢你带给我的惊奇和欣喜。我真的庆幸，在毕业前夕，还能让一个生命激发活力、增强生活的斗志，或许，这个"同心圆"队长的荣誉，将影响她一生。从来没有高大过的女孩，从这个被摇动的小宇宙里"生发"和"长出来"了，我仿佛听见生命之歌在春光里吟唱。

孩子们还在继续摇着，阳光被摇得恍恍惚惚，我走在光影里，如同回到了童年。

## 5. 不一样的精彩——荷把锄头在肩上

当春天把梦想的种子撒下，种子就开始肆意地生长。我们乡村的操场，可以供孩子们摸爬滚打，更可以供养野草的疯长。开学后，野草仍不减当"夏"的长势，和孩子们抢地盘，那怎么可以呢？于是，荷把锄头在肩上，和孩子们一起向"野草"开战，争取在短时间内开辟出活动天地。

说干就干，上午，安排好孩子们带好除草工具和垃圾袋；下午，就分组、划片行动，比比哪个小组长领导有方，保质保量地清除。孩子们都很兴奋，因为户外活动正是他们喜欢的，特别是那些男子汉们，更是摩拳擦掌准备大干一番，看这势头，大有"南泥湾"的奋斗精神。

整理队伍，荷把锄头在肩上，带上我的孩子们，向着"草场"进军！

白线分割，根据小组人数，合理分配。现场再次强调劳动安全，看孩子们点头，我稍稍放下心来，便加入到力量较弱的队伍里，助他们一臂之力。

拿起锄头，和孩子们一起热火朝天地除起草来，"秋老虎"的威力我算是领教

了！可看到"倒下"的杂草越来越多，信心倍增！

劳动时，还是很有趣的。男孩子们小小年纪就懂得"怜香惜玉"，他们把纤细的草丛留给女生，自己去拔除那些"根深蒂固"的家伙，那势头真是"力拔山兮气盖世"！女孩子们虽然力气稍弱，但她们团结协作，遇到盘根错节的杂草，就合力而为。如同揪头发一样，先把整把杂草的"脑袋"一起握住，齐声喊"三、二、一"！一起用力，草被连根拔出，但女孩子们被"抱怨的草儿"摔倒在地上，好似在生气地说："谁让你们搅了我的秋梦！"女孩子们才不理会草儿的恼怒，反而坐在地上或者干脆躺在地上笑个够，那透明的笑声，引来了飘忽的白云，荡漾了柳梢，也惊飞了小鸟！我捶捶酸痛的腰，擦擦额头的汗，看看败在脚下的泥土，不禁有一种"走泥湾"的豪情了。

低头看看脚上心爱的白鞋子，傻傻地成了大花脸。再看看孩子们，一个个愉快的笑脸祛除了疲惫。夕阳西沉，影子渐长，我和孩子们一起唱着《乡间的小路》回归教室。"走在乡间的小路上，牧童的歌声在荡漾……笑意写在脸上，哼一曲乡居小唱，任思绪在微风中飘扬，多少落寞惆怅，都随晚风飘散，遗忘在乡间的小路上。"

哦，爽朗的心，自由的情，浓浓的乡土芬芳……

### 6. 彩色的午睡，纯洁的友谊

午餐后，启动彩色午睡。教室卫生是第一位的。

　　小家伙们分工明确。之前养成的习惯，已经完全不用我再吩咐谁做什么了。丁姿丹带几个女生清扫地板，刘加胜带几个男生去清洗他们的"武器"——拖把。他最热衷于做这件事，因为他是班里的"拖把小卫士"啊！我透过窗子看到他，连背影都那样骄傲！肩头扛着的仿佛不是拖把，而是一杆战斗的枪！这个小家伙，整日"彩云朵朵"，直到被我"强迫"着洗了一把脸，这才看清他的"庐山真面目"：白白净净的脸，很俊俏的孩子呢！

　　地拖干净了，我和孩子们拿着泡沫垫子用力扇着，不一会儿，地上的水都蒸发了。孩子们自觉地抱着彩色的垫子铺好。有的孩子睡不着，就拿了一本喜欢的书看，等书里的小瞌睡虫跑到眼睛里了，这才很惬意地躺下来。孩子们已经养成了不扰他人的好习惯。

　　最暖心的是这对双胞胎：姿阳和姿丹，姐姐常常给弟弟盖盖小被子，温暖的阳光洒在姐姐的后背，飘溢着茉莉花的芬芳，让我暖心得想哭。这一天中午，弟弟睡得特别香，醒来时，左脸上还带着可爱的印痕。

　　刘琦是班里的小摄影师，我的手机就是他的"武器"。他已经被我训练得很有灵性，只要看到值得定格的就一定要拍下来。今天中午，他又有了几幅"杰作"。

　　照片，我会随手发到班级群里，为了让家长们安心。午后的阳光真好，尽管外面的风还是很大。

　　醒来时，有几个孩子开始捧着书在阅读，有的孩子依然在熟睡中……

此时，入校时间已到。教室的门被轻轻推开了，我看见卞庆航的妈妈怀里抱着一个白东西。看我一脸愕然，她赶忙解释："茉莉老师，我看了照片，心里难过和感动极了。你躺在这里太凉了，女人最怕受凉。我给你做了一件小棉被，都是上好的棉花，可软乎了，放心盖吧。"说着，还轻柔地拍了拍它。卞庆航同学替妈妈抱着小被子，这个腼腆的男孩心里却是温暖如春、灿烂如夏……

我已经不知说什么了。午后陪着孩子们睡觉，本是老师应该做的，只想让孩子们沉浸式地感受一种集体的温暖和爱，谁知却收获了额外的奖赏。世界上还有什么比爱的流转更值得赞美的吗？

我久久地抱着这条充满爱的小棉被，感觉揽着全世界的温暖……

彩色的午睡，纯洁的友谊，一间充满爱与传奇的教室和一群懂爱、善良的小"鸟儿"……

### 7. 春意盎然，蝶飞蜂舞

春天来了，又是一个新学期。黑板上还是冬天的痕迹，雷锋精神在呼唤，二十四孝的精神在闪光。春天的花儿在等待绽放，还有蜜蜂、蝴蝶也在等着舞蹈，这一天的工作计划，一定要让春天绽放在黑板上。

设计底稿、完善内容、剪纸、描绘、选取书写内容。板报主题彰显春天蓬勃的气息，给人精神的引领和视觉的愉悦。

幸亏有这样一群可爱的孩子，只要我一指点，他们就能领会，更能极快地行动起来。

"春意盎然，蝶舞飞扬"剪好了！

"二十四孝"剪好了！

"三月春风"完成了。

"爱"，剪好了。

……

接下来，上墙粘贴。

我踩在板凳上，不停比照，寻求孩子们的意见，直到大家认可才往上粘贴。

　　所有的板块都粘贴好了，我就开始书写内容，一鼓作气。孩子们赶过来为我捏捏肩膀，捶捶后背，幸福感油然而生！

　　拍拍身上的粉尘，后退，远远地看去，哦，那么新鲜的颜色、那么清新的板块，还有孩子们的喜欢，我欣慰了，疲惫的嘴角添了一丝微笑……

　　师生共同参与，增进了感情。孩子们理解了所有的美好都必定承载着或多或少的辛苦。在共同缔造美好的故事中，谁都不舍得浪费时光，谁都会为之付出智慧与努力。

## 8. 独特的跳蚤市场

　　能力，只有在活动中才能得以充分的体现和提高。丰富多彩

的班级活动，给孩子们带来了心智的发展。实践参与，面对问题，自己解决，充分发挥个体的聪明才智，有了心情的愉悦，也有了自信的源泉，每颗小星星都在活动中释放自己的能量。

从三年级开始，每个月我都要开展"小跳蚤市场"的交易活动。一开始，仅仅局限于图书、玩具、文具用品。后来，针对我们乡镇学校的特点，交易的内容更广泛一些：自制的小手工，自家炒制的茶叶，家里的大鹅蛋、鸭蛋、笨鸡蛋，自家菜园里的蔬菜，自家果园里的水果……丰富的商品，多样的选择，孩子们需要：看、讲、品、思、问、谈、换、写。

看，要看货色，货比三家；讲，货主要懂得营销策略，发挥语言功能，讲出物品的特色，留住顾客的脚步，做个成功的推销

员；品，可以先"品"后买，满足顾客需求；思，自己需要什么，学会选择和放弃；问，询问价格，做到心中有数；谈，买卖双方进行议价；换，可以不用货币，通过交谈获得价值相当的物品；写，给自己的物品写个简介，介绍物品特点、用处、价格等。

交易现场，孩子们拿出自己精心准备的物品，摆在桌面上，等待"顾客"光临。

交易中，孩子们很活跃，不停地浏览自己中意的商品，议价、推销，一套套有趣的话术如流水般自然，看来有些孩子真是有经商的头脑和天赋。

看，刘普华手里拿着自己的书，大声招揽着"顾客"，语言相当有诱惑力："精神食粮大赠送。打折很疯狂，图书八成新，原价每本十五元，现价十元。外赠一块小橡皮。"幽默的语言、热情的态度、低廉的价格，加上赠品的吸引，刘普华瞬间就被同学们围个水泄不通，只看见伸着的一条条手臂、只听到"我买，我也买"的声音，他的图书很快被抢购一空。看到他乐滋滋地收钱、数钱、找钱的小模样，很是有趣，美美的样子透着自豪感。

看，这里的交易进行得"如火如荼"，正在议价的是陈琳、滕文婷。陈琳伸出两只手，表示非"十元"不卖，眼神很执着，表情很严肃，丝毫没有让步之意。而"顾客"滕文婷也是不停砍价，伸手示意，只给七元。旁边的陈相如正在思考这个价格合不合适，而小帅哥战鹏却不知帮谁才好。好可爱的孩子们，他们已经完全投入。

听，这里也很不平静，孩子们都在谴责谷雨泽。原来大家都抗议谷同学的变形金刚要价太高，要三十元，有几个女生正在劝他改改策略，低一点卖掉，但谷同学就是不松口。结果，双方不欢而散，只留下谷同学一个人陪伴孤寂的变形金刚了。

这已经不是一间教室，而是一个热闹的市场，孩子们在这个小小的空间亲身体验、参与，把自己心爱的物品成功卖出去，那种喜悦一定很难忘，自信度也会大大提升。看，连平日羞涩的郑茜文也忍不住挑选自己喜欢的绒布娃娃并讨价还价了。看来，人只有在自然的活动中才能放开自己，只有喜欢、投入才会驱使她主动解决问题。

精彩处处有，我也忍不住凑过来看看孩子们的热卖物品，听小主人介绍得头头是道，还真看不出来一个个是如此深谙经营之道。活动，真是可以激发人的潜能，孩子们的每次活动都给我留下惊讶一笔！

经过一段时间的"劳动"，孩子们都有了不同的收获。看看，这位喜上眉梢，撑开的袋子里有不少票票，估计今晚睡觉都会美美的了。

明天的交易会因为增添了农副产品与手工制作，会与今日不同，很期待孩子们的精彩表现，希望给他们带来更多的成长与快乐。

## 9. 感恩教室——一张多彩的"情网"

好冷的天，今日挺疲惫，但看到教室里有"神奇的椅子""阅览桌"，墙壁上有灿烂的组徽，恰好有一缕暖阳照进来，便觉得教室里春意盎然了，心情也嫩绿了……

从朝阳到夕阳，从伴着黎明的晨诵到安静的午睡，如今时间又追着我们与夕阳话别。想想这一天又是收获很多：终于教会了孩子们跳"小苹果"；与孩子们温习了功课；继续在"红奶牛"的故事里徜徉，唤醒孩子们内心蕴藏着的美好和神奇；最重要的是把小组成员"个人简介"精心完善好，分别装订成册，又买来粘钩、夹子，挂在每一张组徽下面。这下，教室的墙壁更生动了！走进来的刹那，环视四周，如同踏入七彩童话世界。希望孩子们在这个小小的空间里能得到心灵的休憩、情感的润泽、言行的雅致。

于是，曾经如鱼儿般好动的杨堃能很好地放轻脚步走路，大声尖叫的陈琳能很快地捂住"呼之欲出"的高分贝音符；喜欢在教室里当"泥鳅"的郭亮也学会了安静地走在空白处；还有眼观六路，耳听八方的调皮蛋、小机灵鬼们，再也不会把自己的废纸团扔到别人的桌子底下……点点滴滴的变化不是说教而来的，是教室里充盈的正气、朝气在激励和感动着每颗心，让这些可爱的童心慢慢感悟、变化……

教室是有灵魂的，是老师的爱

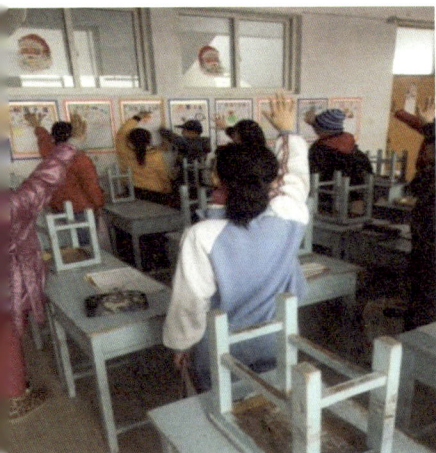

与责任，是孩子们的信任和留恋，编织成温暖的"情网"。这张网，是灵动而宽容的，它是彩色的，也是有温度的。在行走的岁月里，越来越广，越来越丰富，越来越有吸引力。每天的故事都不同，每天孩子们都要与教室话别，但这一天，我建议孩子们面向自己的组徽，深深鞠躬，恋恋挥手，同时对它话别，把一天的感恩留下，把美好的祝福留下，因为它用精神陪伴了我们一天。

"谢谢你，可爱的教室，让我快乐了一整天。"

"感谢你，给了我温暖和友爱。"

"亲吻你，可爱的教室，让我有了家的感觉。"

"带着爱离开，带着爱走进来。"

……

我听着孩子们对教室的话别，如同在聆听一首首灵秀的小诗，目送他们离去的身影，感觉每个小书包里都装满了非凡的内容：感恩、自信、满足……

## 10. 孩子们，你们精彩极了！

口语交际课上，我让孩子们说一说《我的班级》。

孩子们坐得很端正。一会儿，教室的门被轻轻推开，原来是领导来了。他们示意我继续上课。我调动了一下情绪，继续带孩子们进行愉快的课堂之旅了。我给孩子们表现的机会，把教室当作演讲台，让他们争着说自己喜欢的班级文化，培养他们大胆说话、勇于表现的自信，畅快地抒发内心情感。

吕欣桐很从容地推荐了我们的图书角，一脸的自豪，一脸的幸福。因为热爱读书，她把桌子上的书都读完了，随手拿起一本，就能说出内容梗概，我们平时就叫她"读书大王"。今天，她表现得很出色，还依据时令，吟了一首"春晓"，我说，她就是春天的使者了。

张琳的出色表现也让我惊喜！她推荐的亮点是"各小组的组徽"，得体的引领，温婉的话语，恰到好处的语言节奏，让人听得很舒心。我也趁机引导孩子们互相感恩。

秦亚菲真让我暖心，金老师要对你说声"谢谢！"你的开场白"这是我们的'妈妈'自己设计制作的小橱柜……"让我热泪盈眶了，轻快地拭去眼角的小泪花，继续听"我的女儿"可爱的讲述……

带给我惊喜的是平日里羞涩的王从杰、魏宗豪，他们竟然抛却了顾虑，双双上前，介绍起自己喜爱的"风筝文化"。

我很欣慰，孩子们时时带给我听觉上的新鲜感，心灵更加愉悦。比如：甄婕好描述的窗帘，"有了金老师贴的这几个字，窗帘不再单调，生动起来了。我们就好像真的在爱中成长了。"我微笑着接住她的话："我们就是在爱中成长。"大家温暖地笑了。

还有很多的孩子，他们都很勇敢地证明自己。比如：陈琳同学大方地请大家欣赏她们排演的节目《哭竹生笋》。两位女生的精彩表演更是博得了领导的称赞，这对孩子来说是莫大的"精神奖赏"，也会激发孩子们更大的表演和编创热情了。

葛智文，这个有独特气质的女孩子，把目光凝聚到两扇门上，淡定地介绍了"为什么要感恩门"，我的问题更是引发了她的智慧。

老师："两扇门很普通啊，也不漂亮。"

葛智文："这倒不重要，门，把孤独和冷漠挡在外面，把温暖和爱留在教室，为我们带来安全。看，金老师在门上贴了'谢谢你，门儿'，就是要让我们懂得感恩。"

好厉害的女孩，既表达了唯美的想法，又趁机表扬了金老师。有这样的"女儿"，我真的很得意哦。

回忆中，是满满的幸福，孩子们，你们精彩极了！

## 11. 创意简介

奇迹总会发生。这一天，孩子们依然给我带来了惊喜。

孩子们说以前的小组成员介绍太老土、太幼稚。他们要重新给小组介绍增添特色。

我笑着说："相信你们，但，最好还是自己画。金老师想看到用心描绘的作品。"

次日早上。

陈相如一见到我，就迫不及待地举起他的作品。我不由得喊："天哪！"之后就全身心地欣赏着、赞

叹，我惊喜地问着："这是谁想出来的？"

"我！我自己呀。"陈相如很可爱地用右手的拇指朝向自己，自豪地说。他用的是褐色的卡纸，把小组里每个伙伴都画成卡通人物，我一眼就能认出那个戴着眼镜的、文静秀气的小女生是王少蕊；这个漂亮的大眼睛是金玟；站在旁边文质彬彬的"书生"是陈鹏飞；还有一个自然就是超级可爱的小画家陈相如本人了。更妙的是，人物旁边附有生动的文字介绍，太有心了！我忍不住跟陈相如碰了碰头，这可是我对孩子们的最高奖赏！

我问："其他小组的作品呢？让老师欣赏一下，好吗？"但他们都一致"悄悄收藏"。我笑着说，"看了陈相如的作品，大

佳洁小组成员

小蜜蜂小组成员

种子小组成员

小青虫小组成员

松果小组成员

雅菲小组成员

家是不是觉得自己的小组介绍还要改进，然后再给金老师一个惊喜？"孩子们笑了。

下午，好家伙！一个个都高傲地走来了，手里擎着他们小组的简介作品。我又一声："天哪！"我太爱你们了，简直是——精彩极了，一件件都是精品啊！赶紧拍下来，好好品赏。

事实再一次证明：无限相信孩子，他们会创造奇迹！

## 12. 教室里的新成员

从孩子的眼里，我看到了天使的笑容，毫不掩饰的喜欢，毫不吝啬的爱。他们将关心给予了我们教室里的新成员——小鱼儿、小虾儿和小乌龟们。

一个小鸟窝已经让我感慨不已，如今又收到了孩子们跳跃的心意——两只大龙虾。这可是孩子们自己钓的。他们兴奋地讲着龙虾的贪心，只要一点点诱惑，就很容易当"俘虏"了。可是，我看到它们张牙舞爪的模样，还是不敢靠近它们。几个男

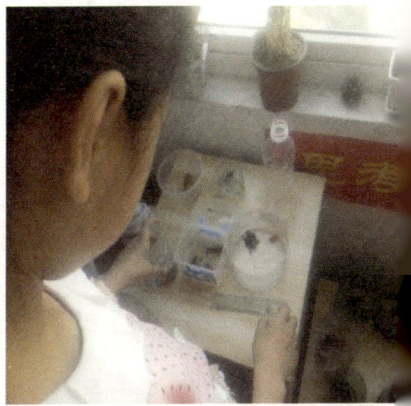

孩鼓励我："老师，没事的，看，就这样拿。"王丛杰边说边示范，还真是，在空中只有乱挥舞爪子的能耐了。我也试着捏住龙虾的脊背部，拿起来，但又马上放开了，唯恐它与我初次见面"太过热情"。

孩子们啊，你们让金老师如何养这两只龙虾呢？正在犯愁，乖巧的金玟找来一个盛彩泥的塑料盒子。这下龙虾就可以安静地在这里安家了。

自此，教室里又增添了几许热闹。一下课，孩子们就围拢过去，看看他们的新朋友这节课过得如何？只是这样几眼，就足以让孩子们开心了。我们真的可以忘掉世界上一切的烦忧，在这样的空间里，享受"人与自然"的美好相处。看到威武的龙虾给孩子们带来如此多的快乐，我也觉得它们可爱了许多。

下午，郑洁、王丛杰等带来了几只小乌龟；陈相如带来了一只大王八，但我怕它会咬人，还是建议他带回家。

不得了了，教室里的新成员越来越多。我提议，干脆成立个兴趣小组，每天观察和记录这些小生灵的生活，让它们陪伴着我们一起过幸福的学校生活。

## 13. 就这样幸福

哦，又散学了。

上午风雨交加，看看眼前，恍如隔世。夕阳，那样明亮，心里也清亮了许多。

开始梳理这两天的工作。

昨日，奔波了一天，置办了很多教室用品。一早带来，有些犯愁，有些工作真是不会干啊！

打电话求助家长。真好！李业涵爸爸竟然约王圣杰爸爸一同前来。

他们看看已经灰头土脸的墙壁，再看看我昨天新购置的白色相框，真是不搭啊！

"老王，赶紧打电话，问问伙计有没有剩余的涂料。"李业涵爸爸说。

王圣杰爸爸开始问，但没有找到。

"干脆，我拉着你，出去买一袋，回来把墙壁刷一遍！"王圣杰爸爸坚决地说。

我真的没有想到，甚至忘记了说客气话，两个男子汉就已经下楼。

涂料买回来后，两位家长就开始熟练地工作，当起了快乐的

粉刷匠。

看着他们又是搬凳子、又是爬上爬下，好好的衣服，都成了斑斑点点，我心里很是过意不去。

最后一刷子完成，他们又帮我挂上了相框，李业涵爸爸又很有创意地把我买的绿叶搭在了相框周围，太美了！

儿子提前帮我选定的"金星挂钟"也上了墙，小小的钟摆快乐地行走，看得我连说"真好，真好！"

忙完教室里，他们又帮我装饰楼道。

此前一天，楼道里还堆满了破桌子烂椅子，经校长同意，我找同事帮忙搬走了许多，只留下几把结实的椅子。我要把楼道打造成孩子们的文化艺术天地。

我先是利用课间，把孩子们的绘画包装、上墙，这是一项繁杂的工作。但看到对面的墙壁如今已是焕然一新，心里很是欣慰。

智慧与劳动，激情与热情，缔造完美教室，从心出发。

### 14. 可爱的羞涩

群星灿灿，小星星长大了，他们那份可爱的羞涩，需要我去懂。

课堂上，孩子们拍手诵读《名贤集》："人平不语，水平不流；与人方便，与己方便；无功受禄，寝食不安……"他们时而同桌拍，时而四人拍，时而前后拍。有力的节奏感，少年的清朗声，多么和美，幸福就在桌椅板凳间流淌成一首清丽的歌；清亮的眸子里绽开着七彩的小花，好美的一群孩子！

我欣赏着他们，眼睛里是看不够的爱惜。突然，我愣了！呀，这两位——甄雪、王圣洁，只是在做模拟动作。两人的拍手毫无声息，恰到好处地拍在相隔的空气薄层上，又被轻柔地弹回，就这样默默进行，悄悄上演。两双眼睛的光泽各流向一旁！我心头一笑，哦，长大了，羞涩了。

该怎么办呢？暂且"视而不见"吧。前青春期的孩子啊，不能忽视了他们内心的成长，如此可爱的羞涩！我要轻柔触碰才好。

下课了，我凑在两颗小脑袋之间，轻声问："刚刚，我看到了，这里的声音静悄悄，可以把这个小秘密写下来，让我知道吗？"

两个孩子好惊愕！一定没想到金老师会注意到他们。雪儿眼睛里瞬间溢满泪水。惹哭了这个小可爱，我有些不安。再看看圣洁，已经羞涩地低头开始写了。我安静地站在一旁，两张纸条折叠着先后交到我手里。"老师回办公室看，这是我们之间的秘密。我会给你们回信的。"

轻轻打开，一眼娟秀，一眼方正。内容竟然出奇得相同："老师，我害羞。不敢碰甄雪的手。""亲爱的金老师，我害羞，看他不往前伸手，我也不想拍过去。对不起，惹您生气了。"我，突然好感动，这两个孩子，有心事了。我笑着提笔回信："亲爱的雪儿，哪有生气，感谢你的信任，我们是朋友，就要真诚相待。五四班，亲如一家，拍拍手，会让你心的篱笆开满小花。听，花开的声音，多美啊！""圣洁，你好，金老师知道你的羞涩了，好细腻的孩子哦，没关系的，五四班，是充满爱的家，大方伸出你的手，拍走羞涩，带来心灵的清爽，好吗？"

又是晨风轻抚，"量小非君子，无度不丈夫。路遥知马力，日久见人心。长存君子道，须有称心时……"依然是琅琅的诵读，但这一次，你有听到某个方向最响亮的拍手声吗？是的，是甄雪、王圣洁，节奏，拍得真好！

太阳，你怎么也羞涩了呢？竟躲在了云彩后面偷笑。一会儿，又调皮地跳出来，瞬间，灿烂了整间教室，照亮了每个心房……

## 15. 老师，愿您活得像水果

平常的日子，因为些许的感动，就变得与众不同。

一个相框静静地在桌子上躺着，反放着，上面还贴着一张纸条。"我知道您每天辛苦，我特地给您买了一幅画，让您活得像这些水果一样好。"

哦，好新鲜的话：活得像水果，像水果一样活着。美丽的王玥，你希望金老师活得有滋有味，有声有色……

心情马上芳香了，好像变成了其中的一枚，甚至是枝头上那一颗了，眨着露珠的眼睛，跳跃着太阳的红色，晃动着香甜的身姿，好美！

　　安静的王玥，内心却小荷田田，细腻的女孩子！不知何时，你对我的心疼点滴入心，汇成涓涓细流，从心里流泻出来，月光般的温暖，还有淡淡的馨香。是我偶尔一两次的皱眉，还是两三次面容的憔悴，也或许是三四次对"小猴子"们不听话的嗔怒，更或许是五六次在办公室吃早餐的辛苦？……好多的或许，原来你都看在眼里，疼在心里。我笑了，嘶嘶的疼，是嘴角的疮裂开了一道小口。哦，也或许是看到了这个吗？好感动，付出的点滴，孩子竟然如此珍惜，这便是我的幸福了！

　　看着画上的香蕉、葡萄、杨梅……我写下了这样几个字：灿烂人生，酸甜生活，扬眉吐气，执着前行！

## 16. 那一天，我们温暖相遇

　　下课了，一年级小朋友纯纯的笑和无拘的玩闹，瞬间染绿了我的心情，不禁想起那一年，那一天……

　　我怀着欣喜，来迎接新生。还没走到校门口，远远看见一个个年轻的家长领着宝贝们，或翘首期待老师，或和孩子耐心说话，或给孩子擦拭脸上的泪珠。我疼爱地看着这些即将踏入小学的孩子们，想象着他们念起 a、o、e、i、u 时的样子，想象着他们握笔写拼音的样子，想象着他们因为找不到自己的教室站在走廊里无助的样子……

　　到了领新生的时间了，我大声叫着孩子的名字。大厅里闹哄哄的，好不容易找齐了四十三个孩子，我已经累得嗓子有点沙哑。而这，只是开始。

　　我把孩子们领到教室里，开始了一年级入学的第一堂课：安排座位，认识老师，认识同学，认识班级。我尽量用最温柔的声音介绍着自己，用手抚摸着一个个小脑袋，用温情的目光去融化一双双有些害怕、失落、有点小忧伤的眼神。渐渐地，小脸蛋上有了一点点笑容。一个个小身板也坐得如"小白杨"，两只小手叠放着，小手背绷得很平。有的孩子抿着嘴，期待着我的表扬呢！我向他伸出了大拇指，孩子紧绷的脸上露出了洁白的小牙，真可爱！怕他们太累，时隔不久，我会放一段音乐，让他们活动一下身体。孩子们慢慢喜欢上了我，也喜欢上了这间教室。

　　这时，有个孩子突然站起来说肚子疼，我赶紧走过去，揉揉他的小肚子，"还疼吗？""不疼了！"好得真快。其实啊，他的肚子根本就不疼，只是缺乏安全感，想得到老师的关爱而已，可真是个聪明的小家伙。

　　像这样的事情可太多了。这不，这个扎着蝴蝶结的小姑娘又哭了，非要找幼儿园的阿姨，"孩子，幼儿园阿姨一定很喜欢你，是吧？"她点点头，"那她们喜欢什么样的孩子呢？是爱哭鼻子的还是勇敢的？""是……是勇敢的。""对呀，就像你这样勇敢，是吧？你看，你到了一个不熟悉的新校园，还那么听话地坐在那里，多棒啊！老师像你这么大的时候，真的不如你勇敢哦！"听着听着，这个叫毕淑娴的小女孩竟然不哭也不闹了，安安静静地坐在那里，翻着自己的新书。好不容易稳定好孩子们的情绪，我稍稍松了口气，开始让孩子们介绍自己。

一个接一个，小火车开到了"红苹果"那里（这孩子的脸儿长得实在是圆），她竟然紧张地哭起来，我赶紧说："孩子们，这小姑娘笑起来一定会像花儿一样美，拍拍小手，鼓励她吧！"一双双小手拍得真响，这个孩子边抹眼泪，边介绍着自己，"我……我叫滕……滕文婷。""多美的名字呀！你的爸爸妈妈一定是希望你长得又文静又漂亮，是吗？""嗯！""好，请坐吧！金老师相信滕文婷同学一定会变得越来越勇敢的！加油！""我叫陈福全。""你一定会有美好的未来！""我叫战鹏！""嗯，好响亮的名字，大鹏展翅，爸爸妈妈希望你飞得更高更远。加油哦！"……一个接一个，小火车终于开到了最后一个同学那里，咦？怎么没有声音，"哈哈哈……"教室里传出孩子们快乐的笑声，我走近一看，也忍不住笑了。原来，这个胖乎乎的小男孩不知什么时候睡着了，微微张着的小嘴流着口水，一定还在做着甜美的梦。我悄悄问大家："谁知道他叫什么名字？""老师，我知道。他叫'周曦晨'，在幼儿园里他就爱上课睡觉，老师一喊'吃排骨了'，他就醒了！""哈哈哈……"教室里又传出了一阵快乐的笑声。在大家的笑声中，周曦晨醒了，他用胖胖的小手背搓着惺忪的眼睛，四处看看，好像在找什么似的，我也被他的模样逗笑了。

真好！又是一群有个性的好孩子！

"加油，金老师！新的挑战开始了。"我对自己说。

突然，一个小沙包"啪"落在我面前，一个羞涩的孩子不知所措地看着我，两只小手窘窘得不知该放哪儿好了！我拾起沙包，轻轻扔回去，一条优美的弧线擦蓝了天空，一头牵着梦想，一头牵着爱……

### 17.冬阳·童年·鸟儿

台湾著名女作家林海音的《冬阳·童年·骆驼队》，让我们在重温童心、童真、童趣的同时，也感受到了那份蕴藏在字里行间的深情。冬日的一天，我也特别想用"冬阳·童年·鸟儿"这三个词语的结合，勾画出一幅美丽的童年印象。

寒潮刚刚嚣张地离开，暖阳便努力把温情洒向有些消沉的人们。在路上，收到几个孩子带病考试的消息，心疼，安慰，鼓励。

辗转来到某校，换考。

一年级的小朋友，如守巢的鸟儿，乖巧地等候。一张张透着油墨芬芳的试卷如蝴蝶般飘到孩童的手心，漂亮的字从笔尖流出。突然，几声清脆的鸟鸣惊醒了这间教室。我极力搜寻着这个振奋的声音。在哪里？仰着头找寻了好久，终于，在横梁的夹缝里看到了探出头的鸟儿。是我惊扰了你吗？哦，你的"小伙伴们"丝毫没有受到影响，看来，你们彼此习惯了"人与自然"的和谐相处。你的这声鸣叫，应该是对小伙伴的鼓励、赞赏，对吗？

横梁上的顶棚是没有任何装饰的，天然的芦苇一排排扎成的把子，细细吮吸，又有阳光下芦草的清香了……突然，多了几声啁啾，我心里一阵欣喜。不会是还有别的鸟儿吧？哦，就在那里，另一个小脑袋在灵活地转动着，还侧着脑袋看我，倒让我有些不好意思了。我这个客人真的惊扰了你们的书香生活。孩子们在用笔描绘未来，而你们在用可爱的小嘴儿点啄生活。灵动的你们是孩子们的风景，孩子们则是你们最可爱的背景。

在这间教室里，谁最懂孩子们，或谁最懂鸟儿？

第一场考完，我采访了孩子们。问："有鸟儿在这里叫，大家会觉得烦躁吗？"得到的回答坚定而有力："不，小鸟好可爱的。""真的，一点儿也不烦人。""老师，你看，它们有三只。"呀！真的呢，还有一只小小的。有一个孩子介绍说："那是鸟爸爸、鸟妈妈和鸟宝宝。"但有的孩子不同意，争着说："不是，那是一个鸟妈妈，和两个鸟宝宝。"……不管是何种理解，都透着孩子们最质朴的爱啊！这不正说明孩子们把鸟儿的生活状态融进了自己的生命里吗？孩子们心里的小幸福，就嫁接在了三只鸟儿的身上。美好的鸟儿家园，美好的孩子们，你们都成了我的风景。只是，茉莉老师会成为你们的风景吗？

随后，我让孩子们画出了教室里的小鸟。当他们的班主任替我收齐画作时，连他也都被感动了。之前聊天时他还觉得鸟儿的叫声有点吵闹，但在孩子们童真的画面前变成了感叹，融化为美好。

我打趣地说："最了解孩子们的不是你，反而是小鸟儿。而最理解鸟儿的，也恰恰是孩子们。"提到鸟儿，每个孩子的眼睛里都有了亮光和神采，如同说到最爱的人和事，那都是触及心灵的爱呢！

在这间教室里，孩子们是鸟儿，鸟儿也是孩子们。他们有共同的感情密码，如果用一句悄悄话说：那可是一个秘密！只属于这间教室的"冬阳·童年·鸟儿"的秘密……

在这间简陋但充满爱的教室里，还有一团炉火、一袋玉米棒、一小包小木条。

三个塑料桶：一个盛放废纸，可以回收；一个盛放柴火；一个则盛放烧剩下的炉灰。

冬阳，温暖地照在我脸上，突然，有热热的东西流下……

## 18. 请不要打扰金老师

中午散学了，静了。很享受这段时光，静默的桌椅、窗台上的绿植、午后阳光，还有电脑里播放的音乐……我坐在"橙色"椅子上，困意渐浓。

脑子里还慵懒地回忆着上午的课程，上了三节课，第二节课后带孩子们跳完"小苹果"。第三节考试，依然在轻音乐中进行。孩子们依然享受考试时光。"沙沙"的声音如同提前下了一场春雨，心里的小种子都在发芽。第四节看完卷子。一

路"A"，偶遇"B"，我很欣慰。

脖子有些酸痛，站起来练习了一会儿瑜伽，剩下的时光，就是坐在这把椅子上了。顺手拿起一个小抱熊，下巴温柔地抵住它毛茸茸的小脑袋，柔柔的、暖暖的，渐渐入睡……

好似听见门被推开的声音，也或许是吹进来的一阵风？我大概稍微睁了一下眼，但很快又进入阳光的呼吸里。

渐渐感觉周围有轻微的喘息声，但不至于惊醒我。午读的铃声"敲醒"了我，眼皮好沉，手里的小抱熊依然在，视线上移，哦！眼前竟然坐满了孩子，每个人给我一个可爱的后背，大都相同的姿势：手里捧着书，脑袋侧歪着。好安静！我懒懒的嘴角泛起一丝微笑，头轻轻靠在椅背上。突然，眼前一亮，黑板上大大写着"不要打扰金老师"，最前面一个三角形内还画了一叹号！

我轻轻叹息，被爱包围。

还能再说什么呢？泪已不能自已。无声而下，好温润。

继续闭上眼睛，再装睡一会儿，不能辜负了孩子们的爱。

午后的阳光，更暖了。

## 19. 双手合十的"秘密"

《双手合十》这篇博文刚刚发完，一个电话就打来了。真是"说曹操曹操到"。这个小调皮，又有什么事情呢？

"金老师好。我是郭亮。"

"哦，郭亮好。周末愉快！"

"金老师，愉快。"

"谢谢你，有什么事情需要我帮助吗？"

"金老师，我……"

电话那头，一阵无语。

"怎么了，遇到什么事情了吗？"

"金老师，下个周一，您再给我一张试卷，我重新做一遍，行吗？"

"哦，没问题。但……"我还没来得及问为什么，小家伙接下来的话让我无比感动。

"金老师，今天是我妈妈的生日，我本来想今天的试卷就是送给妈妈的礼物。可是我对自己的成绩还不满意。我想再做一遍，做得更好一些，给我妈妈补上这个惊喜。"

我，一万个没想到。平日里大大咧咧的小屁孩，竟然有这样细腻的心思。现在才想起来，这个孩子为什么在分发试卷时"双手合十"，嘴里"念念有词"了。一定是在祈祷一份好的成绩，作为送给妈妈的生日礼物。

我眼睛湿润，赶紧说："好棒的孩子，金老师祝你妈妈生日快乐！周一我一定给你找一张，相信你会做得更好。"

"谢谢金老师，先不要告诉我妈妈呀。"

"好的。一个温暖的秘密，是吧？"

"是的，谢谢老师！老师，您快吃饭吧。再见。"我又一次感受到这个男孩的细心。感谢你，可爱的郭亮，若是没有这个电话，金老师永远弄不懂"双手合十"的秘密，就少了一份对你的了解。

亲爱的郭亮，你为自己开了一扇窗，也为金老师打开了一扇门。真诚祝福，你的妈妈生日快乐，我好似看到点燃的蜡烛了，还有一个好大、好香甜的蛋糕……

### 20. 支教：孩子，你笑疼了我的心

近日，天渐冷。近几日，天更冷！

行走在支教的路上，田野已经变得冷硬，几株枯了的玉米秸还坚强地立在风中，抖动着苍老的胡须，几片枯叶在鼓着掌，好似在为自己的存在艰涩地喝彩。我缓缓地开着车，小心地让着路上包裹得很严实的行人。想想他们的冷，更不忍心鸣笛。

到校，车还没停稳，就看见铁门上把着的一溜小手。这些可爱的孩子们一如既往地在风中迎接我。张念提，依旧把他那瘦长的小脸使劲挤在两根铁栏之间，搞笑的表情，常常让我心疼。我习惯地用手指头轻轻刮一下他的鼻子，他才开心地把小脑袋缩回去。其他孩子抢着给我拿包，抢不到的就和我并行，或倒退着看着我走。我总

会提醒他们要小心，可刘高志倒跑起来，他脸上挂着灿烂的笑容……

　　我很感动，如此质朴的一丛"山菊"，点亮了我的心。一起走进教室，依然是响彻云霄的"金老师好！"我逗他们，"孩子们好，看来我们的教室要好好站住脚喽，外面的树爷爷也被你们响亮的声音叫醒了。""哈哈哈！"孩子们笑了，好情绪是芳香剂，我们就这样快乐地上着课，快乐讨论，认真思考，踊跃发言。

　　这里的孩子不会羞涩，虽然举手的姿势不够标准，虽然有时坐姿也不够美观，但那又何妨？只要我们之间有了思维的碰撞，有了情感的交流与共鸣，那些规矩暂且忽略。只有在舒适的

老、中、青三代传递爱与温暖

空间，思维才是有色彩的、丰富的和跳跃的，我希望他们都是小鲤鱼，不断跳过一个个龙门，越过一个个险滩，依然积极、乐观，勇往直前！

教室里好冷，至今还没有取暖设施。即使有，也是最原始的方式。

课中，校园里突然热闹起来，靠窗的孩子们如雏鸟般伸直脖子，我也忍不住，干脆看看。原来有汽车进来了，满载着一车厢铁皮炉筒，明晃晃、圆滚滚，甚是壮观！孩子们欢呼起来，是该取暖了。我心疼地握住安恒东的手，有些凉，但他却憨憨笑着，使劲把流出来的鼻涕吸进去，一笑，又喷出来。我笑着拿出纸巾递给他，这个调皮蛋竟然害羞了。

我走到教室后面，看见锈迹斑斑的、记忆中的小铁炉子，很温暖，但心里好难过，孩子们生活得虽很艰苦，但他们很满足，真的像山菊花一样，只要有土壤，就能在风中纯真、欢喜地开放。可爱的张智慧好似看出了我的心思，宽慰我说："金老师，那样的小炉子很暖和的，真的！"我轻轻拍拍她的小脑袋，认真点点头，表示很相信。这个可爱的女生也礼貌地点点头，好可爱的一朵山菊。接下来，要轮到这个班来装炉筒了。

年近花甲、鼻梁上架着老花镜的王老师，此时正用力托举着一节筒子。挨在他右边的是王主任——一个很细腻的中年人，接着就是小杨老师——很敬业的年轻人。三个人在各自的位置上，时而旋转调试，时而商议延伸长短。孩子们大都仰着脸儿看着这三位可敬的老师。终于安好了，我让孩子们把最热烈的掌声送给老师们。他们挥挥手，又到隔壁的班里去送"温暖"了……

炉子还未生火，筒子，是冰冷的。但心儿已经被温暖了。希望，乡村的春天来得早一些。因为这里，有一群需要被关注的、美丽的山菊花。

### 21. 孩子，让我为你生起炉火

下午1:30，我准时到达支教学校。欢快的"小山雀"们已守候多时，很不忍心，可无法拒绝孩子们的热情。那是怎样的爱啊！深深，难忘。

进教室，一眼就看到了支好的炉子，孩子们终于享受到温暖了。

时间在飞，越来越冷，教室里不断有吸鼻涕的声音，男孩子们的鼻子大都擦成了"红鼻头"。

我试了试几个孩子的手，凉得我吸了口气。应该是炉火熄了，我上前查看。果然，铁炉失神地张着黑黑的大口，好像所有的冷都从这里发出来。我先安排孩子们读书，我来给他们重新生火。但我不敢确定能不能生着。

灰尘飞扬，呛得我不停地咳嗽，前面的男孩同情地看看我，我朝他笑了一笑，告诉他，相信金老师。

开始生火。可引火的柴太硬，我拿着木柴正犯愁，前面这个男孩救了我的场，"老师，后面有苞米叶子和玉米芯。"

我脸红了，快步走到教室后面。果然，四五个包里分别装满了引火用的物品，我顺手拿了一些枯软的叶子，又拿了些玉米芯。万事俱备，我点着了叶子，呼一下，火苗在炉子里舞得好欢，火舌旺盛地蹿出炉门好高。"老师，快放玉米芯，多放几根！"一个急切的声音在引导我。我一定很狼狈，在这里，孩子们成了我的生活小老师，今天我这个学生太笨拙了。"老师，快盖上铁盖子。"我听从指挥，但黑烟从缝隙里拼命往外冒，我有些发慌，"没事儿，老师，一会儿就好了。"我感激地对这个擦鼻涕的男孩笑笑，果然，妖魔式的黑烟淡了。"老师，放一些木柴，一会儿再放炭就好了。"

好有经验的孩子们！生活教会了他们如何独立，如何笑着以苦为乐。

## 22. 我的母亲节礼物

最近，事情比较多，母亲节过去了，我也没顾上给母亲买花。老人家不在意这样的形式，平常能看到我笑的样子就是她最大的满足了。

这天早上，一进教室，我还是被一种表达爱的"形式"感动了。桌子上有一封信：金妈妈（收）。

轻启，眼里渐渐泛起泪花。信的内容很简单，只有一句"祝金妈妈母亲快乐！"中间画着一只振翅高飞的雄鹰，凌空而飞，让我震撼！有这样一群懂我、爱我的孩子，我有什么理由不投入地爱他们呢？

每每看到小小的礼物，我都能感受到巨大的力量波及心灵。孩子的心是最真的，你对他们的好，他们懂得回报，他们的方式简单又真挚。

这个叫张瑶的孩子，在这封信里究竟珍藏了多少爱？亲爱的孩子，你小小的心里装了两个妈妈，我真的好感动。平日里寡言的你，内心竟是这样的温暖和斑斓。你的小世界，还有许多我未来得及去欣赏，就要面临毕业分别。老师心里有丝丝难过，但看到你给我的这封信，还有展翅高飞的雄鹰图，又深受安慰，那不正是你自己吗？有着远大的理想，有一片属于自己的蓝天，可以洒脱地行走、开心地飞翔……

金老师心里也有一个梦想，那就是与你一同努力，用智慧和爱、用勤奋和坚持，实现自己的理想。亲爱的孩子，送你一个母亲般快乐和满足的微笑，你可是最喜欢看老师的笑容了……

## 23. 我们就是你的左臂

轻轻地，门被叩响；轻轻地，你来了！推开门的刹那，你一脸羞涩，看着我的眼神，还那么躲闪……

你憨厚的爸爸跟在身后，跟我说要多多照顾你。我点头示意，并把你安排在最容易进出的位置。

门被轻轻关上了。但我知道，你的爸爸一定还站在走廊的窗口下，仔细倾听我对你的关爱。于是，我故意大声说："滕浩凯同学，大家都很想念你，听，掌声就要响起来了！"好聪明的孩子们，掌声雷动！浩凯拿眼角偷偷看看周围的同学，羞涩地低下头。因为，我们都知道，你的胳膊是骑自行车太疯而摔倒跌伤的呀。

关爱继续……

"我们的家，处处充满了爱，友爱的小树，绿意盎然。今天，浩凯的小树暂

且需要我们照顾，谁愿意来为他播洒爱的阳光？谁又愿意当他的左臂呢？""我""还有我！"……伸出的手臂如同小树的枝丫，瞬间丰满了整间教室。

浩凯还是一脸羞涩，但内心一定是无比幸福的。当然，幸福的还有站在门外的爸爸，尽管脚步声很轻，但还是被我的耳朵捕捉到了。父爱，也这么温柔。

这节课，浩凯和所有同学都听得出奇的专心。我也上得很开心，思维如快乐的音符灵动地跳跃，语言也如莲花般馨香、自然……

### 24. 谢谢孩子们，让我走进了你们的作文

孩子们都很棒，丰富多彩的活动，不但没有让成绩拖后，反而激发了他们的学习意志，全班 41 个孩子，40 人考了 A。周同学即使是 B，在我眼里也是一样棒，因为他能把作文写完一半了。我欣赏孩子的进步，告诉孩子，和自己的昨天比，永远会看到希望。

孩子们的作文都是满满的感恩！每一篇都是心灵之花的绽放，爱意油然，对身边亲人的感恩，对同学的感恩。

额外的奖赏，是对我的感恩。这一叠试卷就放在我的办公桌上，在我累的时候，缺少动力的时候，我就会拿出来读一读，那时的我一定是最幸福的。因为，我的爱被这样妥帖地安放和回应着。我会把这些在我看来无比珍贵的文字好好保留，那是无上的赞誉……

"有一次，在我读后感写错字的时候，老师让我改过来交上。她用红笔在右下角写的批语是：'一颗善良的心，一抹温暖的笑，你总是带给别人一份真诚，相信你！'"

"老师还给我们买了41份桌套，很漂亮，是海蓝色。老师让我们套上，还让我们出去再进来，关上门，一小会儿，再打开门，好整齐。有的同学惊讶地跳了起来，有的还大叫一声：'我的天哪！'声音很高，很响亮！这就是我们的梦幻老师！"——《爱家的老师》

"自从我上小学一年级起，我就在幸福的伴随下走到现在。想想就要和金妈妈、同学们分别了，我都想哭了。我不禁想起了那些幸福的往事。"——《令我感动的那些事》

"我的金妈妈，你猜她是一个怎样的人呢？我告诉你吧！金妈妈是一个善良的人，心胸宽广的人。她给了我们很多的快乐和亲情。妈妈有长长的黑黑亮亮的头发，大眼睛里透着我们的笑脸。小鼻子，红色的眼镜，红红的嘴唇，这就是我的金妈妈。"——《我的金妈妈》

深深吸气，各种滋味涌上心头，有即将分别的小忧伤，更多的是每个孩子给予我的眷恋和厚爱。虔诚地祝福每个即将走出我视线的孩子，优雅、幸福地生活和学习……

## 25. 一次朗读比赛

美好的早晨，又要与小精灵们相遇在课堂。我拿着准备好的奖励图片走进了教室，对孩子们说："孩子们，昨天我们刚刚学完第二单元，每篇文章都好美……很多孩子都舍不得离开这些闪光的文字，所以，今天我们在这节语文课上，再来和它们美美地拥抱，用你们美妙的声音把这些文字唤醒，好吗？"

"好！""耶！"剪刀手伸出一片，回应的声音也很响亮。

孩子们开始挑选自己喜欢阅读的段落，并有滋有味地练习起来……

比赛开始了。孩子们按顺序赛读，每每读完，其他孩子马上举手投票，我把每个孩子的票数认真地写在黑板上。时间一分一秒地过去了，孩子们读得真投入，一个个声情并茂，有的甚至直接背诵，还辅助自创的动作和生动的神情，看来，他们都想得到我手中的卡通图片。不一会儿，轮到郑希文了，这个孩子早就迫不及待了，她非常努力地读，生怕读错了一个字音，声音甜美极了，表情、肢体语言也很丰富。读完之后，她就像打了一个大胜仗，长舒了一口气。开始投票了，她紧张而又勇敢地向四周看了看，发现那么多同学举起了手，紧张的小脸上露出了轻松的笑容。

就在此时，我和很多孩子发现了惊讶的一幕：王玥同学憋着劲奋力举手，而她的同桌陈琳死死摁住王玥的胳膊。同学中间开始出现批评的声音。我连忙做出安静的动作，然后问："王玥同学，你认为郑希文读得怎么样呢？"

"老师，她读得很好，很有感情，我想选她。"王玥接着说，"可是陈琳不让我选她。"

"哦，老师明白了。"我说，"我很佩服你，能坚持自己的主见，有自己的想法，这样最好！"说完，我示意同学们接着朗诵。

终于轮到陈琳了，她努力地读着，表情很丰富，夸张地表现着自己的声音，眼睛还不时地瞟着周围的同学。看到她的表现，我心里真替她担心。果然，当她读完后，满心期待地等着同学们高高举手投票了，我静静地看着，一个、两个、三个，继续等待，仍然只有三个。看到这种局面，陈琳的脸刷地红了，我默默地把三票写到了黑板上，教室里鸦雀无声。我没说什么，但孩子们都懂这沉默代表着什么。

阅读比赛在继续，最后的比赛结果都是孩子们自己选出来的。看到得奖的孩子们高兴的样子，我也很开心地笑了，但陈琳很失落，我走到她身旁，轻轻地摸摸她的小脑袋，我知道她能懂：诚实最可贵，尊重别人很重要。

下课铃声响了，我也似乎听到一颗小小的心正在批评自己……

后来，这位个性突出的孩子成了我的小助手。看，那个穿蓝上衣，认真检查晨读的女孩就是她——陈琳，她已经是一个又谦虚又有责任心的好孩子了。

## 26. 有一种温暖，叫我爱你

收拾物品时，翻出几张照片，看到几个小调皮蛋，我笑了。那一天，我刚刚走到教室门口，我的小助手们就围住我七嘴八舌地说："老师，杨堃没完成作业。""老师，周曦晨没完成作业。"……我连忙摆摆手说："一个一个来。"特别是扎着羊角辫的梁佳佳，那仰着头、噘着嘴的样子像极了小时候的我。

我说："哦，老师知道了，谢谢你们，老师这就挨着问一问。"小家伙们很满意地回去了，我随即走进了教室，把刚才"上榜"的学生一一叫了出来。我站在门口，故意用严肃的目光盯着他们，小家伙们心知肚明，表现出"认罪"的良好态度，耷拉着脑袋往外走。

我故作严肃地盯着他们，小家伙们用眼角偷偷观察着我的表情。杨堃的手习惯地卷着衣角；李业涵紧张地抿着嘴巴；"小机灵鬼"郭亮深深地垂着尖尖的脑袋，显示出无比后悔的样子，可心里已经想好了"对策"；周曦晨则瞪着他那双无辜的大眼睛……猜透了小家伙们的心思，我心里早就忍不住笑了。我深深地叹了口气问："杨堃，你的肚子又很痛，是吧？老师真想变成医术高明的医生，把你的胃病治好。这样，你肚里的虫虫再也不会打扰你学习了！"这孩子听出了言外之意，头低得更厉害了。

然后，我又转向郭亮，对他说："郭亮，你就不用再费脑筋想了，老师来替你想个理由吧。作业本又不知被妈妈收拾到哪儿去了，是吗？"这孩子缩了一下脖子，吐了一下舌头，不由自主地往后退了退。

最后，我盯着周曦晨看了又看，看他极不自然地眨了眨那双大眼睛，"老师留给你的时间最多，现在想好怎么说了吗？"只见这家伙翻了翻眼皮，竟然挤出了几滴眼泪，我无话可说，只好轻轻地拍了拍他浑圆的肩膀，说："身体真结实，应该有使不完的劲来学习。"

时间安静地流过，我就这样看着他们，有一双脚开始挪动，是郭亮，他神情认真、语调低沉地说："老师，我错了，我补作业。""老师，我也错了，我也补作业。""老师……"我静静地听着每个人的"忏悔"，若有所思地点点头，什么也没说，只是不断伸出大拇指来表扬他们。我接着说："男子汉就是不一样，敢于承担，老师超喜欢，好！回去写吧！希望你们的作业能让我眼前一亮。来，击个掌吧！"小家伙们没想到是这样的结果，一个个使足了劲，只听啪、啪、啪的几声之后，已经不见了踪影。

我收好照片，轻轻放到胸口，一种温暖流到心里，一个声音悠然传递，就是——我爱你。

## 27. 原来，我是你的女神

这是一间神奇的教室，每天都会带给我不同的喜悦。

可能，这些小事情在别人眼里微不足道，但我在乎。我常常对孩子们说："因为你们，这间教室才生出星辉，如同一个小宇宙，我们会从中获得无限能量，去快乐奔跑，积极学习，互相爱护，互相欣赏。"

早上，我刚要进办公室，一个声音留住了我。一回头，就看见张瑶急切地跑过来，好家伙！双脚不沾地了，头上的小辫子都跳得跟不上脚步的节奏，一只"白蝴蝶"在她的右手里急促地扇动着翅膀，"老师，滕文婷给你的礼物！"

"哦，文婷为什么不自己来呢？"

"她不好意思呀！"说完，张瑶就蹦着跳着跑了，我在楼道这头大声喊，"要谢谢文婷哦！"人早就闪进教室里了，真是风一样的女孩子啊！

我轻轻打开一看，原来是一幅画，画上的人一定是我：挽着发髻，一副黑框眼镜，漂亮的长裙上开满了五彩的花朵，脖子上还戴着一串五彩的项链，穿一双好高的高跟鞋，还是带钻的呢！好有想象力的孩子！

我好开心，只有爱一个人，才会用心去描绘她。是啊！如果每个女老师都能成为孩子们心中的女神，那是多么美妙的事情呀！孩子的心，水晶般闪光。

更让我感动的是下面的一句话：祝金老师象花仙子一样美丽，永远年轻。她把"像"字写成"象"了，或许是刚刚完成满意的作品太激动了吧？

我提起笔，在图画的下面添上一句话：漂亮的滕文婷，谢谢你！如果把"像"写正确，那金老师会更美丽，更开心！

我走出办公室，正好遇见李业涵。我招招手，他甩着胳膊跑过来，如同一头可爱的小象。"老师，什么事？""把这张画给滕文婷，谢谢你。""Yes，sir！"他调皮地打了个敬礼，摇动着手臂，带着那只"白蝴蝶"蹦跳着跑了。

上课铃响了，我走进教室，竟然发现那张画躺在我的讲桌上，"象"已经改成了"像"，而且还改了五遍。我向这个懂事的小姑娘投去了赞许的目光。而她却羞涩地笑了。

"上课！孩子们好！"我的声音如此响亮。

"老师好！"是啊！每天都很好。今天，我特意把长发盘起，挽成图片上的模样，因为滕文婷喜欢……

## 28. 这个雨天，依然有爱同行

一天晚上，接到郑杰同学的电话，问老师好吗？这一句温婉的问候，加上窗外温润的小雨，许多的想念便从心田的缝隙里被催生出来。

早起，一路雨，打湿了我的心情……离学校越来越近，下车，上楼，抬头时，我惊呆了！我看到了一个童话里走出来的小姑娘！那样甜蜜地笑着，头上还顶着妈妈缝制的简易雨披。淋漓的雨水还往下滴着。郑杰！我热切地喊出她的名字。

"我想老师了，妈妈在附近的玩具厂，如果等不到老师，我就回厂子了。"轻柔地，每一个字，都润泽了我的心。我疼爱地给她擦了擦刘海上快要滴落的水珠。

一起开门，来到教室里。我们默默

地走着，没有说话，这个小姑娘与我的关系已经胜似母女。五年来，她一直用心地陪在我的左右，帮助我打理班级事务，俨然是一个小老师。我无法描述她的细心，只觉得每天的教学生活离不开她。我的一切物品她都知道摆在哪里，我的一切心思她都瞬间读懂。有时，桌子上会出现一封信；有时，桌子上会出现一支花……许多的有时，许多的感动，心中满满，竟无从说起，只觉得眼里常含泪水，彼此心的交融已经跨越了年龄的鸿沟。郑杰，这个可爱的女孩，已经融入我的精神和血脉里了！

很难想象，一个孩子会影响我那样深。许多时候，她是我的老师，比如，她的包容、她的善良，即使周围的小女生对她有些意见，她也只是默默放在心里，从不说出。她小小的年纪就学会了原谅别人的错误，这一点，就已经是许多大人的榜样了。

不管何时，她都是懂我的，我的辛苦以及我的喜悦，都可以在这个文弱的小女生的眼睛、嘴角找到一丝淡然的安慰。一个孩子的鼓励竟然如此大，大到可以克刚。

看到这个女孩安静地看着橱柜上的照片，我知道，她一样在找寻许多回忆。我想，她的眼角一定润湿了。我温柔地说："一会儿可以挑几张喜欢的带回家。"

她没有回答，只是回眸一笑，惊喜地看着我。我微笑着点了一下头。

之后，她又拿起扫帚，用心地扫地，然后开始清理每个伙伴的桌洞。她说："要给金老师新学期一年级的学生留下一个干净的桌洞。"我又一次被深深感动了。

但更令我感动的事情还在后面。郑杰竟然从张雯雯同学的桌洞里收拾出整整齐齐的六元钱。我赶紧联系了张妈妈，张妈妈感动不已。我笑着说，要谢谢郑杰，随后会包好放到学校旁边的小卖店里，等雨停了或顺路时来拿。

只要有郑杰，就会有惊喜。看，她从不爱言语的王少蕊的桌洞里找出来一件没有送出的礼物，写着：金妈妈收。我惊喜不已，没想到，这个沉默的小姑娘会送给我礼物，如果今天郑杰不来，如果今天郑杰不去收拾桌洞，这份礼物我永远也不会得知了。感谢你，亲爱的郑杰，你真是我的幸运星。有过这样一个精心、用心的学生，此生无憾！

由此，我又想到了很多人，他们都是我的幸运星，都在默默帮助和支持我，都在呵护我的成长，甚至用生命的虔诚来给我开拓未来的道路。我又怎能不带着一颗感恩的心前行呢？

雨，不知何时停了，偶尔滴答的声音格外清凉。我爱这个雨天，爱这雨天里所有的故事和所有的人，尤其是为我撑起一片晴空的人们……

## 29. 桌子有了"新衣服"

孩子们的书桌用了很多年，已经不知道经历了多少个小主人了。桌面已经有了很多划痕，甚至有破损。如今，我把新的办公桌搬到教室里。但孩子们呢？做新课桌不太现实。

　　对，我们经常换新衣服，为什么不给桌子换上"新装"呢？说干就干，我很快联系了一家桌布生产厂家，定做桌套。

　　没过几天，厂家已经将货送到了教室。孩子们事先不知情，疑惑的眼神一直盯着我拆包装的手。我笑笑，说："等会儿，教室就会变样子了。"

　　小组长上来领，抖开，查看，孩子们才恍然大悟，惊呼声吓了我一跳，很快我又被掌声包围了。

　　"赶紧套上吧。"我提醒孩子们。

　　看看，那一个个小模样，多满足，简直喜不自禁了。

　　小桌子变样了，教室里立刻变成了蓝色世界，真梦幻！我的心和孩子们一样醉了呢。再看看孩子们，小心地用手平整一下，然后无比认真地摆放桌上的用品：小桌牌，小笔筒，文具盒。

蓝色的桌布，蓝色的窗帘，真的像徜徉在蓝色的大海里，而孩子们真的像灵动的鱼儿了！

满室，鲜亮；满室，青春；满室，阳光……

## 30. 椅子变形计

只要留心、用心，改变就有可能。椅子变形计，大功告成。

学校后勤整理器材用具，楼道里堆满了旧椅子、旧桌子，很不雅观，但的确没地方可放。每次经过这里，我都会不自觉地皱一下眉头：怎样好好利用它们呢？

有了！脑子里闪过一个念头，改造椅子，来个"椅子变形计"，让它旧貌换新颜，但怎样改造呢？

有了想法，赶紧策划。我决定挑选三把规格、样式相同而又结实的椅子进行变形。我把想法说给孩子们听，想把它们变形为不同色彩的、有故事的、有思想的椅子。孩子们强烈支持并纷纷说出了自己喜欢的色彩，最后我们一起把它们定义为"蓝椅子、粉椅子、橙椅子"。蓝椅子属于男孩子，粉椅子属于女孩子，而孩子们把"橙椅子"送给了我！

"孩子们，只要你心中有爱，椅子就会有思想、有灵魂。我们就把这三把椅子写成三首诗歌，编成三个温暖的故事，每个人坐在这里，都可以感受到神奇的力量和温暖的爱。好吗？"

"好！老师好棒！"孩子们异口同声地回答。我把编写故事或诗歌的任务分配给了安中科、张瑶、吕欣彤三个文采好的孩子。他们欣然接受任务，开始创作。其他孩子也全力以赴参与、抬、擦、晾。我买来了各种颜色的即时贴，组成"椅子变形计团队"。

秦亚菲同学测量每一根竹条的长、宽，并汇报给我，我的小助手们按住两头的即时贴。我跪在地板上开始动手切割一条条蓝、粉、橙的彩条。

先从蓝椅子开始变形。一条条破损的竹条部位被彩条遮盖……

"老师，这个贴歪了。"

"好的，重新揭下来，再贴。"终于，椅子背贴好了。还有座椅部分、手柄部位等细节处也不能放过。

"老师，彩条不够了。"我马上和孩子们合作，打开蓝色即时贴，再次切割。经过一番奋战，我们的蓝椅子终于以崭新的面貌出现在大家眼前，着实很漂亮。我宣布，这把蓝椅子是专属于男孩子们的，又是一阵热烈鼓掌。这些小家伙，还真是粗中有细，用圣诞节包苹果用的彩纸做成蝴蝶结缠在椅子手柄上，既起了固定作用，还美化了他们的蓝椅子，让它显得更有神采了。

女孩子们也憋足了劲，把剩余的废纸叠成各种好看的蝴蝶结和花束，准备好好装饰她们的"粉椅子"。经过一番努力，粉椅子、橙椅子相继诞生在我们神奇的手中。"焕然一新、脱胎

换骨"……所有惊艳的好词都可以送给这三把椅子，的确太漂亮了！蓝色如天空，粉色如童话，橙色很浪漫。

坐在这里，我们想到了什么呢？听听孩子们开心的畅想吧！

"我坐在蓝椅子上，像……像白云找到了家。"

"我很感动，想哭的感觉。"

"我觉得自己成了童话里的公主。"

"我生活在粉色的云朵里，闻到花香的味道。"

"一种温暖、一种放松、一种家的感觉。"

"老师，您也快来坐坐，您是什么感觉呢？"

"一种疲惫后的惬意，一种辛劳后的满足，一种静听你们心灵花开的欢愉，还有四十一份温暖的感动，温润老师的心。"我闭着眼睛，用诗意的语言描述着自己真实的感受，阳光照在我的脸上，好暖，耳边轻轻响起掌声，继而越来越响，越来越热烈。我知道，孩子们把所有的爱与理解、尊敬都给予了我……

爱，在继续。下午当我走进教室时，眼前一亮，每把椅子上都出现了那么多毛绒玩具，有调皮的小狗、可爱的小兔、憨态可掬的小熊……真像回到了家，感觉很甜。

下课了，孩子们三三两两坐在那里，谈天说地，品书，唱歌……

放学时，孩子们站好队，与温暖的教室话别。我发现扬州依然坐在蓝椅子上，抱着一个玩具兔子，看起来那么幸福。

我真不忍心打扰他的小幸福，他在想些什么呢？远方的爸爸吗？那份留守的孤独感是否在这里得到了安慰，找到了一处小小的港湾？孩子，你再坐坐吧！我轻轻掩上门，把静谧的时光留给他……

## 31. 可以"谈心"的椅子

几把残破的条椅被成功"变形"后，给孩子们带来了无限温馨与感动。下课时，三五个小伙伴坐在一起唱歌，看书，更重要的是可以彼此"谈心"。几个女孩子贴着耳朵，窃窃之情，着实可爱；有时谈到某个人或事，会开心大笑，那番景象，如同坐在自家的沙发上，上下撩动着脚，互相搂着肩膀、勾着手指，似亲姐妹，如亲兄弟，其乐融融。

这几把椅子更是我和孩子们谈心的好地方。在这样色彩艳丽、温馨如家的椅子上聊天，感觉很浪漫。

那些小女孩的心事，那些班级里的小秘密，那些小调皮的"滑头事"，都在这里悄悄得知。然后，约过来谈一谈，开解他们的困惑，委婉地批评，真诚地交流，轻柔的话语如涓涓细流，渗透在心田：从学习、守纪的重要性，到怎样与朋友相处、如何对待自己的错误，鼓励他们诚恳地向对方道歉，勇于承担责任……很多的心情故事就在这漂亮的椅子上开出美丽的花朵。

之后，孩子们慢慢有了新的认识，重新审视自己，或与小伙伴重归于好；或打破自己多年的小壁垒，融入集体中，感受集体活动的乐趣；或改变学习态度，积极配合老师的辅导工作，成绩有了明显提高；或有了包容心，不再为小事大闹，而是化干戈为玉帛……

同学情、师生情，情深意浓。这间小小的教室，承载着多少美好的日子，每一秒都是厚重的、有意义的，也是令每个孩子留恋与期待的。

从爱上这间教室起，我们班就形成了巨大的凝聚力。它就是一个小宇宙，每颗星星都努力发光，给予别人温暖与爱的同

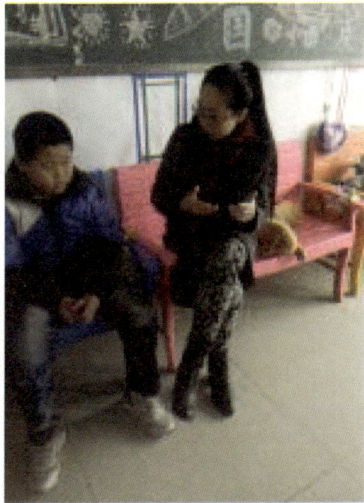

时，也赠予自己最好的礼物：丰盈而智慧地成长，简单而快乐地生活。

## 32. 最美不过夕阳红

多情夕阳，眷恋着校园，温柔的金辉，抚着杨柳。我被这暖意迷住了，手指荡过柳枝，光影便在绿里斑驳着、跳跃着。思绪如水，漾开了美丽的波纹……

一副“缺腿”的老花镜，静静地躺在我的对面。主人很有创意地用一根黑色的皮筋代替了缺失的“右腿”，靠耳处，系了个扣，正好可以套住耳根。要问谁有如此调皮的创意？呵呵，非老李头莫属。我把脸贴在桌子上，透过两个玻璃片，嗨，雾里看花，一阵心酸：已经好久不见你来了，不知家里的事情处理得怎样了？老李头，我们这些年轻人就爱这样叫你，我常常夸赞你“最美夕阳红”，你每次都幽默地说：“可惜近黄昏。”你那满足的笑容，实在暖心。眼角瞬间怒放的“菊花”不仅没有让人觉得伤感，反倒是多了几分“老小孩”的调皮与可爱。是的，“调皮与可爱”！

你最爱“拔萝卜”，试试孩子们的斤两。

两年前，我与你搭档，你教数学。当我宣布这个消息时，孩子们不干了，瞬间就炸了锅，“不喜欢！”一群小姑娘噘着嘴叽叽喳喳地讨论；“不会讲普通话，不爱听。”有几个男孩犯愁地讲。我心里乐了，你们还没领教老李头的厉害，静候教诲吧，调皮蛋们。

　　第一节是数学课，你倒背着手，悠悠地上课去了。等你下课回来时，后面跟过来几个"兵"。调皮蛋们，这次遇见"老将"了！我心里窃喜。你慢悠悠地坐下来，老花镜滑到鼻梁上。你往前凑着身子，用心审视每个调皮蛋，吓得他们纷纷别过脸去。我忍住笑，兴致勃勃地看着这一幕。接下来的事情，真让我吃惊。本以为你要开始训斥他们了，但你站起来，一个一个把他们抱起来。如同孩子们玩的游戏——拔萝卜，然后轻轻放下，幽默地说："嗯，这个，缺斤两，还要做三道题才够秤。""嗯，这个嘛，更缺，得去把练习册第五题补上。""你，严重喽，整个练习五都做完。好了，回去，补上作业，再过来试试斤两！"说完，还依次在他们的屁股上各拍一下，三个孩子乖乖地走了。第二节课后，三个孩子又乖乖地排队来了，手里拿着补好的作业题。可想而知，你又是一番幽默式的鼓励。

　　你特别喜好运动，孩子们都喜欢叫你"老小孩"，只要没你的课，你就喜欢在操场上溜达溜达，跑跑步，看看天空，好悠闲，惹得孩子们也渐渐成了你的小尾巴。一个、两三个，四五个……你的跑步队伍开始壮大，最后，连我都被班长拉着去跑步，"金老师，数学老师都锻炼身体，您不出去跑跑？"好厉害的小班长，竟然将起我的"军"来，这是老李头的"计谋"吧！跑就跑，老、中、少三代在操场上那个欢，直把冷冬跑成暖春。

　　最让人称奇的是调皮蛋们都成了你的"李粉"，一上午见不到你，还要探头探脑地往办公室里瞧瞧。你对我说："小孩子嘛，就是哄着学，你拿他当回事，他就喜欢你，多和这帮小东西玩玩，感情就出来了。他就听你的。"这个老李头，把孩子们的心思都摸透了，"近朱者赤"，连我都跟孩子们玩上瘾了，成了名副其实的孩子王。

风一样的女子，瞬间取代了讲台上那个温文尔雅的我。

高跟鞋不换！头发高高扎起！开始跑动，接，投，跳跃，马尾甩得好欢。顾不得什么淑女形象，也不再是温文尔雅的老师，这里只有孩子般的欢叫，真实的还原，尽情的释放，连枝头的小鸟都被我们惊飞了，听它们在头顶飞过，留下一长串嗔怪的鸣叫，融入我们的欢笑……

就这样，简单生活，快乐融入。当铃声再次响起，我已经充满热情地站在讲台……这一切，都源于老李头的带动。

每次和老李头、孩子们一起跑步、玩耍时，我都会打趣说："老李，你很像那棵老柳树呢。"孩子们哈哈笑着，老李头摸摸自己光光的额头说，"嗯，是像，你看它那个树瘤，和俺这个凸脑门有一拼。"哈哈，这个幽默的老李头。

上课铃声又响了，热闹的操场倏地静了，柳树爷爷打了个大大的哈欠，要休息了。我又想起了老李头，那个"老小孩"，如今，还好吗？

夕阳把温柔的脚步停留在这片圣土。明天，我要给老李头打个电话，说：孩子们都想您了，我也很想您，教学中的领路人……

第二章

茉莉班的课堂故事

## 1. 彩色的生命

平日里，心若是倦怠的，工作起来便少了几分色彩与激情，许多美就会与你擦肩而过。所以，要让自己保持一颗童心，才会发现生命的多彩。

在拼音王国里遨游一番，一会儿把声母放进小火车；一会儿又从蘑菇房子里采摘出所有的韵母；最后从花瓣里绽放出十六个整体认读音节。我鼓励孩子们用自己喜欢的图形再次复习。对于表现精彩的孩子，我会给他们打上粉色的"孩子"（星形卡通图案）。开始，一切都是在浪漫的粉色中进行，突然，我想到了此种颜色的单调。因为那是我随手拿起的色彩，而每个人喜欢的都是不一样的。

在随后的复习中，我告诉孩子们，谁把字词认真写完了，可以选择自己喜欢的彩笔，老师给你打"孩子"哦。

孩子们欢愉极了，小幸福洋溢在脸上、眼里和嘴角，有几个还不禁拍起手来。此后，孩子们的每一笔都是为自己生命的色彩而书写了。那认真的模样仿佛在告诉世界，为了喜欢的事和人去奋斗，味道就是甜的。

一根根举起来的彩笔瞬间亮丽了单调的空间，如同长出了彩色的小树林。一颗颗彩色的星星装扮了作业本。本是只写到这里就可以下课，孩子们却不肯停歇，只为了生命的色彩和可以照亮心灵的灿烂星光。

自己要写，别人是挡不住的。我竟然又一次点燃了孩子们学习的热情。

干脆打断孩子们的学习，不能太累了。在追逐梦想的路上，也不能忽略身边的风景。让班里响起歌声吧！

"一闪一闪亮晶晶，满天都是小星星，挂在天上放光明，好像许多小眼睛，一闪一闪亮晶晶，满天都是小星星……"

哦，我彩色的"孩子"们。快乐与智慧并行，生命是有"色"有"声"的！

## 2. 有生命的文字

点亮自己，照亮他人。在给别人光明与温暖的同时，谁说不是在成就自己的人生呢？只要甘心奉献，收获的是情感的丰富和心灵的安宁。

课堂上，与孩子们复习了"有生命的偏旁"，孩子们乐于接受这个独特的学习方式，新鲜的感觉激励着他们。第二天，我又带孩子们走进了有生命的反义词。孩子们笑了，他们和同桌饶有趣味地说着，表演着，一个个冷冷的反义词，在孩子们丰富而可爱的肢体语言里变得有了生命。看，大气的丁明鑫，双臂伸展、聚拢，正在表现门窗和马路的"宽、窄"，嘴里还要说上一句："因为我是鲜活的生命，所以，我能感受门窗的宽窄，我还可以分辨黑白。"她的同桌——腼腆的卞庆航，也被丁明鑫惟妙惟肖的表演触动了。刘本帅，大个子男孩，与同桌正在表演"香对臭"。只见他闭着眼睛，两手从丹田处慢慢上移，使劲吮吸空气，一阵芬芳便沁入心脾啊！他的同桌郧珺瑶，正捂着鼻子表现"臭"的样子。

王博，你这是在感受什么呢？哦，是"美与丑"，美得让你陶醉，丑得让你不忍睁眼相看。

机灵的王记烽，手搭眉眼，表演"远近"；可爱的张子涵，小手儿如花瓣状，正在感悟"开对关"；文静的丁明轩，用可爱的小手儿上下移动，在表演"升降"……孩子们沉浸在自己的生命状态里，用心感悟知识。我再次看着题目：有生命的反义词，又看看教室里的这些精灵们，真切地看到了生命的成长。

学习，就是这样快乐和充满意义。

## 3. 信任的力量

每个孩子，只要你无限相信他，他就会爆发出巨大的能量，更加热爱班级并乐于为之付出。

宋明轩的变化让我吃惊，自从我安排他为"后门小管家"，这个孩子的责任心就全部被激发出来。他每天都认真地管理进进出出的伙伴，特别是眼保健操时间，更是认真。责任心，真的可以促人成长。这几天，他的字也写得相当好。我记不得每天要说多少句"你的进步很让我吃惊！""这很了不起！""看到你的模样我就开心。"等这样的话语了。

每个孩子都在悄然发生着变化。今天，高同岳与李宇斐的书写更是极其认真。我看得出两个孩子不但友谊加深，而且学习上也是互相鼓励。此时我深深地理解了"润物细无声"的教育魅力了。正是我对他们的赏识与信任以及关爱，才让孩子们有了自尊并看到了自我在班级的价值，不断地将一个个懂得感恩、奉献、团结的"大我"绽放。

鼓励的力量是巨大的。班级荣誉感的魅力更强大，心中铸就班魂，孩子们做事情就会有尺度。只要我提出一个要求，孩子们就会把事情做得很精彩。

下午，接到新的任务——成立儿童话剧社，需成员十人。我立马上任，组织孩子们打扫好教室卫生，又和大家商议给我们的社团起一个很棒的名字。最后征得大家同意，决定以"七色花儿童话剧社"命名。孩子们激动极了，聚在一起一定要合影留念。他们摆出可爱的动作，庆祝这个"伟大"的时刻。

然后，我给孩子们找到了"七色花"剧本，通过初步观察，征求孩子们意见，把剧中角色一一分配下去。孩子们都乐于承担各自的角色，并决心利用七天时间把台词背熟，想在开学后马上进行合练。这种热情简直令我惊喜。于是，我立刻申请了一个新的群号，先把剧本传到群里。当晚孩子们全部加入，并在里面留了言。我猜他们当晚就开始琢磨和熟练自己的台词了。

下午放学后，接待了贾睿哲妈妈，跟她愉快地聊了好久。贾妈妈惊喜于孩子的点滴变化，说到动情处，眼圈都红了。她说贾睿哲许多小毛病开始慢慢消失，学习与生活中多了几分安静和感恩，他的壁橱文化也做得不错；他的爱好很好，理想很大：打好乒乓球，当冠军。一个心里有理想的人，必定会与众不同。我坚信这个孩子会有精彩的未来。秋风中我目送她，不禁感叹天下父母心的无私与伟大。

独自坐在教室，看到地面上个别孩子乱扔的纸团，不禁皱起眉头。国庆节就要到来，我不能让我的茉莉班这样凌乱。我拿起扫帚，清扫教室，顺便拍了个小视频传到群里，让孩子们看看自己给班级卫生带来多大的不便。天黑了，当我要回家时，楼道里响起一阵脚步声，惊奇地看到艺璇一家来了。艺璇把大家的桌洞全部收拾好，一家人才离开。我久久感动于家长的用心和对班级工作的支持。

想让孩子们看到新的世界，就要动一些脑筋，想一些办法，希望当晚看到博文的孩子，能够有所触动，并逐渐养成良好的卫生习惯。为了茉莉班的明天，做好今天最美的自己。

## 4. 冷，并快乐着

今天阴冷，不管走到哪里，眼前都是缩着脖子、手插布兜急急行走的人。

但茉莉班的教室温暖如春。一早，孩子们就自觉开始晨诵，我特意让孩子们朗诵英语。我特别表扬了王艺璇，还赞赏了庄欣睿——且不说他标准的吐字发音，更不说他的严肃认真，单单是站在那里，就已经是一个标杆。伙伴们被他的声音带动着，由一开始的"死读"英语，渐渐变成有温度的朗诵。

一段英文开启美好的一天。课下，稍作修正，我们就进入神话世界。聊完了《夸父追日》《精卫填海》，再来看《盘古开天地》。

我带领孩子们冲刺完字词，便迫不及待地走入"混沌"之中，我们看到了那片黑暗，感受到了那种压抑与迸发。在盘古的一挥斧中，天地洞开，我们和他一起感受生长的痛苦与创造新天地的快乐。

听、读、演穿插进行，我示范引领，孩子们仔细品味，从每一个词语里寻找盘古的精神力量。我们一会儿跟着他顶天立地，一会儿又想象身体的每个部位都幻化成美丽的事物。孩子们被这种神奇的想象吸引住了，不禁也要为盘古"幻化一番"。王志铭很有想象力，他说："盘古的膝盖变成两个山坡，他的手指变成了五指山，脑袋幻化成一个小行星。"还有张家仪，她把盘古的头发幻化成长长的柳枝；孙雪峰让盘古的肌肉变成沃田；张祖钦也"狂想"了一把，在他的笔下，盘古的指甲变成了一座座石碑。孩子们的想象真是奇妙极了。神奇的故事开启了孩子的想象大门，就是这节课最大的收获，正如我们的英雄盘古，从他的身上，孩子们感受到一种浓浓的精神力量——奉献自己，幸福世界。

这种奉献精神在茉莉班的孩子身上已烙下美丽的印痕。这样冷的天，花草管理员王浩宇依然在忙着给花草们洒水，我急忙抓拍了一张照片，然后与他一起参与"护花行动"。他心疼地问我："老师，过了个周末，有几盆花儿开始低下头，还能活吗？"我肯定地回答："会的，只要我们行动起来。"王浩宇满怀期待，眼睛里透出一种坚定：老师交给我的任务，一定好好负责到底。

在憨厚的王浩宇身上，我感受到浓厚的情谊——班级情结。而韩东言同样令我感动不已，这个帅气的小男生有一颗阳光的心。他每每下课后，总是心怀感恩地给我鞠躬说："茉莉老师辛苦了。"今天，刚刚走出办公室，就看到王浩宇又在给花儿们浇水，而韩东言在一旁拖地。我习惯地又一次抓拍。韩东言真诚地告诉我："老师，我们班很美。但是如果花儿浇多了水，流出来，就会把人滑倒，那就不好了。"楼道里走来了周老师，她有孕在身，听到韩东言的话很是感动，不停地说："暖心极了，太善良了。"

我更是惊喜极了。这本是我该想到的事情，小小的孩子却思虑得如此细腻，怎能不令我感慨万千！我欣慰极了，一系列的感恩活动以及课堂上的示范引领，都在孩子们身上看到了变化，一朵云推动另一朵云，一颗心感染另一颗心。这就是新老师、新孩子的美丽与魅力。我突然想感谢自己的坚持，终于看到花开的"模样"，听到花开的"声音"。

今日感恩之星，我写下了"王浩宇、韩东言"的名字。他们两个小伙伴把言与行合为一体，让班级的美好形象传播得更广、更远、更美。

## 5. 孩子，就是了不起的诗人

今天，简单记录两件事。

### （一）天使的眼睛

周末，试着让孩子们创作一首小诗。不是为难孩子们，而是觉得他们都是天使，天使的心里又怎能不飞过流彩的诗句呢？

我期待今天的相遇。步入教室前，就已经听到孩子们琅琅的读书声，轻轻推门，呀，今天孩子们第一天穿新校服，好漂亮！只看背影就已经很精神了。蓝色的窗帘，蓝色的桌套，蓝色的校服，眼前竟然是蓝色的梦幻世界了。若不是孩子们热情地齐声喊："茉莉老师，早上好！"我真的就要呆站着看一会儿了。

幸福的早晨，幸福的诗句。轻轻打开孩子们上交的一首首小诗，如同翻阅一片片轻柔的羽衣。张子涵说，她听到小种子在说话；郑文远说，张爷爷就是冬爷爷吧，白白的胡须，有雪花的味道；韩金歌说，妈妈的笑容里有茉莉花的味道；李梦妮说，每一片雪花在融化时会疼吗？……我读着，品着，那样新鲜的句子，可都是从孩子的心里、眼里飞出来的，还带着露珠的甘甜。孩子们美好的心灵不正是那一朵朵洁雅的茉莉花吗？我相信，未来的日子里，一定会有更多的精灵般的诗句从孩子童蒙的心灵跳出来，我需要做的永远是一个勤于拉开心灵帷幕的人，不断让甜美的阳光跳进孩子的心窗，映射出最美的风景。

（二）优秀的家长

定好了今天的领读是：丁姿阳、卞庆航、邸珺瑶。

早上，边看孩子们的清新小诗，边听三位领读员的朗读。每个孩子都很出色。这个周末，家长和孩子一定是下了一番苦功的。

丁姿阳的爸爸最令我感动。他为了儿子成功领读，按照我的要求，给每个字都组了词、写了一句话，而且一一标注，书写认真。我看了只有慨叹！大家只盯着别人的孩子优秀，可否有人去看看这个孩子的家庭成长环境，可否去关注他们有一个怎样用心的父亲？

我们今天的证书何其多，但是家长没有上岗证。可孩子们的第一任老师就是朝夕相处的父母，成年人的语言、行为都在无形地影响着天使般的孩子们，这张"白纸"究竟会被描画成何种模样，就看父母的色彩。

我眼前的孩子们各不相同，我常常浏览他们，好似看到了他们父母的影子。我心疼所有的孩子，既然不能改变他们的家庭，那就尽我之力，用爱去感染孩子们，让茉莉班的纯真气息渐渐入微地飘到每个茉莉家庭，哪怕稍稍去除一些浮躁，留下一丝心灵馨香也好……

## 6. 孩子就是诗

虽然忙碌，劳累，但我还是激励孩子们出色地完成现场会的诵读表演。

下午，连续两节泡在教室里。我带领这群"小鸟儿"一起品读"识字三"的一首儿童诗《小鸟，小鸟》。小诗简短，明了，用商量的口吻与小鸟儿对话，展现出孩童的天真可爱和对小树"朋友般"的关怀。我引导孩子们用"我仿佛看见了……""我仿佛听见了……"来说话，想象诗中孩子的可爱和鸟儿的跳跃。孩子们说得真好。此时，我突然想，我们不是也种了一棵"成长树"吗？与其坐在这里想象，不如带孩子们到我们的小树身边，捧着书本朗诵，让诗走进生活，温润心灵，进一步激发孩子们对小树的热爱之情，让自己创作的诗从心中流淌到纸上。

赶紧整队，来到小树面前。孩子们手捧书本，认真地朗诵着，那一刻，我感动极了，我感觉到了作为一棵树的幸福；那一刻，孩子们走进诗中，又走进诗意生活。天气很冷。带孩子们回到教室，我问："孩子们，你们在想什么，想说什么？"

"小树多可怜啊！又没有衣服穿。""小树一定很冷，都摇头了。""我们的小树还没长大啊！"……小小的脸儿有了难过的模样。

"孩子们，风中的小树有了你们的祝福，应该感到温暖了。如果我们也能为咱们的小树创作出一首小诗，那小树就会更坚强。有了我们的爱，它就有了成长的力量！"我认真地说。

孩子们一听要给小树创作诗歌，可开心了。一会儿，一首首小诗绽放在洁白的纸上，清新可爱，充满童真的善良。

我让完成创作的孩子到台前读读自己的小诗，孩子们给予了"成长树"那么多的爱。看，厉想创作的画：中间画了一颗心，表达她对小树的热爱，心形里写着：大风，大风，你轻轻地吹，我栽的小树，它还太小太小。

刘琦、邴珺瑶、丁明轩、马启智等仿照《小鸟》的诗歌创作的小诗透出了满满的爱："大风，大风，你轻轻地吹，可爱的小树还在睡觉。大风，大风，你轻轻地吹，再轻点儿，好不好，吹来吹去的大风。"

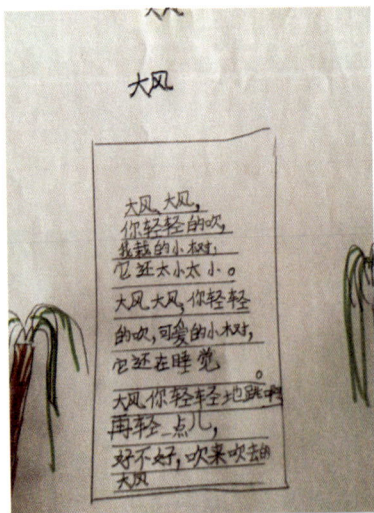

孩子们用心写着、画着对小树的热爱，这样的课堂是充满爱的、智慧的，是孩子们乐于参与，并激发创作灵感的圣地。只有亲身体验，才会把诗情画意带到生活中。让孩子们站在课堂的中央，尊重他们的内心需要，他们才能愉快成长，并留下纯真的心灵文字。

今天这一课，我不但给了孩子们幸福感，同时，我自己也在成长，教学智慧得到丰富。

只要有爱，创新就不会枯竭，只要每一节课都有目标，老师和孩子们就会遇到欣喜的自己。

## 7. 好一朵美丽的茉莉花

这些小花，真不简单，明明可以安静开放，偏要在每个清晨怒放，把清冷的秋天搅动得欢乐起来。

今日晨诵选了李白的《将进酒》。一开始，我心里还有些忐忑。此诗为李白长安放还以后所作，思想内容非常深沉，艺术表现非常成熟。诗由黄河起兴，感情发展也像黄河之水那样奔腾激荡，不易把握。我真担心孩子们会在难懂的古诗文面前却步，会影响到以后的古诗吟唱积极性。

我试着先播放了一遍，看孩子们的反应。小家伙们竟然跟着哼唱起来，并能在跌宕的乐曲中跟进，且聆听到"天生我材必有用，千金散尽还复来"时，还一致做出相似的肢体动作：挥手伸向远方，一脸豪迈之气。有的孩子还做出给自己点赞的动作。他们互相把伙伴当作诗中"言少钱"的主人，又潇洒地将"五花马，千金裘"奖赏给同桌，豪气万丈地"呼儿将出换美酒"，许多孩子模拟着端着酒杯，做出"与尔同销万古愁"的举动。看来，无须担心孩子们对古诗的陌生感，他们的理解力相当好，那些生动的肢体语言真是令我惊讶。

小花儿不可小觑。小花儿都有奋斗的理想。我越强调此诗的难度之大，小花儿越是有斗志，还立志说本周内学会并吟诵给爸爸妈妈听，还要在班里与其他小组开展比赛。我窃喜，这个激将法真是有效：看上你们的倔劲，欣赏你们的灵气。我们是有文化根基的民族，小孩子们的血液里都流淌着千年的诗香，即使开始有些难懂，多吟诵几遍，便有了思想感应，心灵的诗香触角开始舒展并互相链接，直至开出馨香一片。

中午，终于把我从广告公司订制的作品盼来了。

崭新的版面上墙了；红色的提示语开始说话了：今天你微笑了吗？今天你感恩了吗？今天你收获了吗？今天你进步了吗？让墙壁说话，给孩子们温馨提示，让他们若有所思，带着问题思考，带着责任上学，带着反思离开，带着感恩前行。真是激活了童心，亮丽了楼道。孩子们指点着，自豪地欣赏着。特别是版面上张贴的班歌与班诗激起了孩子们的班级自豪感，他们不由得在那里唱开来。我看着孩子们一耸一耸的小肩膀，真是可爱极了。

洁雅的班徽绽放在黑板上方，一张红色的标语"待进步区"赫然出现在胡森太的脚下。因为我规定，如果你在某些方面还有不足或犯了小错误，就到这里来接受"小小的惩罚"。每节课后都有老师给予评价，如果连续一周都表现优秀，这个孩子就会获得一张"晋级卡"，才有资格回到原来的位置，重新拥有伙伴。于是，"待进步区"就显得尤为神圣。孩子们都围着胡森太，看着这张"待进步区"的标语，热情鼓励他，希望胡森太早日获得"晋级卡"。胡森太懂事地点点头，下午去训练时特别努力，准备在运动场上为班级努力，为自己争取晋级机会了。

门上都有风景。按照我的思路，效果图也粘贴好了。进门就是"静""新"，寓意着精心做事，静心思考；在新学校、新校长、新教师、新课堂引领下，成长为新孩子。而这两个左右结构的字拆开来就是两个各有寓意的新字。静分成"青"与"争"，只有不争，心里、眼里才会有"青山绿水"的美景，也只有"竞争"，才能有"青草绿地"的收获。而另一个"新"字，拆分开是"亲"与"斤"，寓意着茉莉班亲如一家，彼此都是亲人，只有积极锻炼、努力学习，才能有身体上与精神上的双重"增长"。

改变，就是这样简单，只要班主任肯动脑筋，肯放下架子，就可以走到孩子心中，就能够处处为他们着想，就会在缔造完美教室的路上越走越美。

## 8. 花儿与少年

追着秒针跑，又一次把日子画圆。

每个小格子里都盛满故事，如此，生命才不会单调。

　　从昨日起，孩子们思想的小树又成长了许多。他们胸前挂着责任，内心有了思考。每个孩子都很珍视自己为班级、为伙伴服务的机会。我告诉孩子们，每天必须尽职尽责，要逼着自己克服成长中的困难；既然老师信任你，你就要做最好的自己。

　　王紫诺努力改变自己的胆怯；张先鑫在学习中找到乐趣；张祖钦将桌洞收拾得井然有序；丁佳璐学会了观察，懂得了沉静；高奥认真写作，积极参与班级活动……

　　50个孩子既分散活动，各负其责，又很注意团结协作。每一位部长、组长都慧眼"识英雄"。部长与部长之间还懂得了强强合作。比如杨鑫与王浩宇，一个是劳动部长，一个是卫生部长，两个小伙伴既各司其责，又互相商讨，对于懒惰或不讲卫生的孩子，二人联手整顿该组卫生，全组总动员。组长分工，组员行动，指导员检查，组长总结汇报，部长做出批示与奖惩。

　　看着这一个个有思想、能战斗的孩子，我心里极其喜悦，但也不忘细致观察个别孩子的课间动态。

　　果然，我逮到了两条"取巧"的小鱼儿——苗瑞与邢家宁。

　　大课间，孩子们开始排队去操场练习排舞，但苗瑞兴奋地舞着拳脚，招招强势呈进攻状态；邢家宁见招拆招，手脚并用，腾挪作打，功力很过硬。显然，这两位还在武侠人设里流连忘返。

　　我示意他们进教室反思。孩子们在操场上练排舞，中间休息时我心里放不下他们两个，遂返回教室。推开门一看，人呢？再走进，我真是吃惊。两个小家伙竟然在安静地拖地，一左一右，默不作声，地板已经照出人影，但他们仍然不放过一丝污点。他们发现了我，脸上挂着歉意，羞愧地低下了头。我什么也没说，转身走了出去，看着蓝天，我笑了。

当排练结束回到教室时，我问大家，有没有发现教室的变化。孩子们异口同声地回答："干净了。"

我示意苗瑞、家宁起立，问："是谁先想到用劳动的方法来惩罚自己？"

两个孩子互相指着对方，几乎同时回答："是他。"我征求孩子们的意见，能不能原谅他们呢？陈俊宇朗声回答："老师，他们已用行动惩罚了自己，给他们机会吧。"许多孩子都是这样表扬二人的诚恳态度和积极行动。

两个孩子的表情紧张极了，但又可爱极了，用眼睛悄悄瞥着周围，迅速搜索着每一个伙伴的表情和回应。我想时机到了，微笑点头示意他们坐下。

此时再批评已经是多此一举了。当一个人用行动去悔改时，思想早就修正了。有时，无声胜有声。

临近放学时，我奖励了昨日评选出的"控盐减压"优秀手抄报的9位同学——每人一块橡皮。五颜六色、造型可爱的小橡皮顿时点亮了孩子们的笑脸。还有3个获得棒棒糖的孩子，我说，可以不吃，留作纪念，那是我在对你们说："棒棒哒。"孩子们笑了。他们把手伸在中间，组成漂亮的造型，以祝贺自己取得的成绩。孩子们已经有了浓厚的仪式感，做什么都要追求个完美。明日又会期待什么呢？我想，诗配画的手抄报一定又会给予我惊喜。

### 9. 简单的事情重复做

"以铜为镜，可以正衣冠；以古为镜，可以知兴替；以人为镜，可以明得失。"小小的孩子，不懂深奥的道理，却懂得外表的美丑之分。镜子是个很好的老师，它会无言地告诉我们，哪里不干净，哪里需要整理，这无形中就是一种督促和教育。

培养一种习惯，需要不断重复。最近，因为天气寒冷的原因，孩子们穿戴得比较臃肿，看起来真的有些"不修边幅"了。很简单，看到自己的模样就可以了。站到镜子面前，认真看看自己，无须我来提醒，孩子们就自己整理衣冠，轻拽衣角，梳理头发，系好鞋带了。

今天，跟孩子们约定好继续"玩"词语、成句子。我赶紧制作了简单的课件。因为要让学生做，老师自己先要做起来。

孩子们读了我的句子，很喜欢，尤其喜欢这一句：手心里都是花香的味道了。

接下来，孩子们自己编写词语成句子。没想到，现场发挥，惊喜不断。我看到了一大批孩子具有的语言天赋，反映出他们平日里的阅读量。凡是写作好的孩子，课外阅读的习惯都很好，而且一直在延续。所以，这些孩子心里就有"话"可说。

接下来，难度大了些，"玩句子，成段子"。

我选取了课文后面的三句话："雨越下越大。天越来越黑。飞机飞得越来越高。"

我把这三句话编成了一个小段落，然后放给孩子们看。孩子们轻轻读着，想着，也都想试一试。我发现，孩子们是真正爱上了语文。在引导孩子们学习母语的路上，我让他们感受到了语言文字的美妙。简单而不相干的词语经过思考和扩充，可以组成很奇妙而又合适的一句话，而几句话之间，又可以组成一个内涵丰富的段落。如此，字、词、句的训练就在实践中得以实现和提高。

相信有了我的引领，孩子们一定能有好的感悟。明天，期待着孩子们"连句成段"的精彩。

每一天都有收获，每一节课都有新意。在路上，用自己的认真去发现每一处独特的风景。我将在母语芬芳而迷人的世界里，和孩子们玩出精彩，玩出"味道"。

## 10. 静怡的午睡

孩子，必须有充足的睡眠，充足的睡眠有益于健康。为了让孩子们午睡好，我买了许多垫子，自己睡在教室的橱柜上。

餐后，简单收拾一番，孩子们自觉地抱了垫子，依次连接铺开。他们从橱柜里拿出自己的小被褥，一律头朝西躺下，我则躺在他们右侧的小橱柜上。一开始小家伙们还窃窃私语，甚至还会发出一两声笑语，但渐渐地就安静了。不一会儿，姜浩宇就打起小呼噜了。孩子们在这样的"催眠曲"中，都睡得好香。我也迷迷糊糊地睡着了。

陪伴是最温暖的。每天中午，就这样和孩子们度过静怡的时光。他们睡着时，有的双手叠放，仰面朝天；有的侧卧着，如同还在襁褓里；有的把脚呈"八"字分开，身体在最佳的放松状态……孩子们一起就餐，一起午睡，始终有集体的温暖，始终被美好的情谊包围，始终让自己融合在"大家"的圈子里，这对于他们身心的成长是最有好处的。

将来，孩子们回忆起小学生活，印象最深的大概就是老师曾陪伴他们午睡，伙伴曾躺在身边入眠。我会让孩子们的记忆久一些，所以，静怡的午睡，也会继续下去。

### 11. 每一天，都有精彩

茉莉班的每一天都有仪式感。

每日晨间，还有一小段属于"茉莉班听写时光"。孩子们在临近七点十分时，就开始为这个隆重的时刻做准备。或书写，或喃喃自语，都是为了成为更好的自己而努力拼搏。

听写开始。孩子们全神贯注，一笔一画描绘着美丽的汉字。听写完 13 课，大家期待的"挑战时刻"来临，小家伙们大都自信满满，但也有一些孩子的眼神充满怯意，一定是还没有准备好。要的就是这样的效果，让孩子们对生词有敬畏感，又有期待感。从还未复习的 14 课挑选 4 个，再从昨日听写的词语里寻找 4 个，如此，前后知识都有了呼应，就能很好地考查出孩子们对字词的掌握程度了。

听写完毕，利用第二节课批阅完，把每个孩子写错的字都一一列出，在班群里上传——"茉莉班 11 月 4 日晨间听写时光"文档。一会儿，下载次数就达到了 48。

午后时光，其他孩子都认真改过，唯有潘同学没有认真对待。及时联系潘妈妈，原来如此——她只给孩子看了手机短信，并未亲自监督和陪伴孩子改错。我非常郑重地在电话里对潘妈妈说："教育如果只有学校一头热，而家长却置之度外，那么教育效果将微乎其微。希望你有时间思考一下。"

放学后不久，办公室的门被轻轻推开，原来是潘妈妈。她有些局促，又很真诚地跟我道歉，我热情欢迎她的到来，并随后在班群里表扬她。

我鼓励潘妈妈，一切都来得及。因为学习与成长如同一场马拉松，只要我们在路上不歇地奔跑，谁敢说潘同学不会创造奇迹？当然，我们必须给孩子指明方向，设置正确的路标，并及时给予精神支持，才能引领他最终到达想去的地方。

我与潘妈妈倾心交谈，最后她诚恳地对我说："以后，一定抽出时间好好了解孩子。"我鼓励她："做一个眼到、手到、心到的妈妈。眼到，要认真观察；手到，要勤于检查；心到，要善于思考。"我们默契一笑，挥手再见，我知道潘妈妈在行走中学会了思考。所以，潘同学的进步一定是必然的。因为，沟通的桥梁已经架起，何愁列车不会加速前行呢？

至此，必须提一下韩东言。这是一个多么懂得感恩的孩子，今天，他的的确确感动了我。墙上的安全指示灯坏了。我赶紧拿着透明胶带准备粘好。但我不确定能不能粘住，就在此时，韩东言跑过来，蹲在我身边，仰着脸儿看着我，一板一眼地说："茉莉老师，即使粘不住，那也说明茉莉老师关心这件事了。不但没有人会怪你，还会感激你的。"

这就是我的孩子们，这就是茉莉班的感恩课程所孕育出的美好思想。它正润物细无声地感染着孩子们，滋养着孩子们，净化着孩子们。

## 12. 牵着网络好好走

任何事都有其两面性。网络在方便我们生活与学习的同时，也带来了诱惑与危险。可以说，我们既爱它，又惧它。对于它，如果用蛮力，极易伤害亲子关系。

只有真正让孩子们感受到它的使用价值，它们才会把注意力迁移到学习上。

网络为我们班的亲子关系搭建起了沟通平台。

每晚，我都会安排几个孩子，到微信群展示自己的作品。这就要求家长们暂时把网络还给孩子，让孩子们与老师愉快互动。

王浩宇写得很认真。王圣锦的字虽然大小不一，但笔画是非常舒展的。张祖钦、于凯给我打语音。——不太好意思到群里唱，他让妈妈单独把《陋室铭》的吟诵语音发给我。我认真听完，不禁连连点赞：音调正确，吐字清晰，近乎完美。随后我打上这样几个字："这就是坚持的力量。谢谢你，你让茉莉老师看到坚持的力量，见证了你的美丽蜕变。"……

感谢网络，带给我们每日晨诵的精彩，让我们有机会跟着酷狗尽情吟唱。

同时，我与家长也聊到了近视的问题。许多家长把近视的罪魁祸首归罪为泛滥的电子产品。这只是其中一个原因。

记得有一年去讲省优质课，我选的课题就是"近视产生的原因与预防"。那时，我真是做足了功课，请教眼科专家，到市医院"拜师"，利用暑假在眼科当"冒牌"实习生（当然，只能是站在一旁看）。现在，正好给家长们普及一下。近视的原因有很多，孩子们正处在身体发育的黄金阶段。众多电子产品的介入，让我们防不胜防，除了这些，我们平日里还要注意合理膳食、积极参加户外运动、适当进行体育锻炼，安排好孩子们健康的作息时间以及良好的用眼卫生。

多么希望家长们在关注"游戏"的同时，多了解一点近视的预防方法，在群里互相交流。同时，也不要把过多的责备与压力给孩子。正确面对，办法总比困难多。

我在学校尽量带孩子们看看蓝天、白云和阿耶山的绿树，尽量给孩子们提供户外活动的机会。

### 13. 如此轻松

让每个日子都有仪式感，正如《小王子》中等爱的狐狸一样，在某个时段有所期待，心情激动，幸福满满，越是临近，越是快乐。我的孩子们如今都有了这样的"期待感"。正如今天的感恩节，孩子们都在庄重地迎接一点十分——感恩清洁工阿姨。

今天的感恩之星，孩子们选择了柴博文。这个善良的孩子积极参与班级感恩活动，主动要求从家里拿来三副胶皮手套。

利用午休时间，我改编并打印好了诗歌——《致敬清洁工》，分发给承担感恩任务的"团结号"和"智慧号"。代依宸主持此次感恩活动。她带领大家认真练习，他们的小组里有两个孩子没到，但大家一直坚持要等候组员，因为这是集体活动，不让一个伙伴落下是大家的共同愿望。张先鑫、张文文终于来了，他们赶紧加入到朗诵队伍。

一点十分，孩子们主动排好两队，雄赳赳地向一楼楼道管理处行进。我轻轻敲敲房门，温暖、善良的声音透出来："谁呀？"一张熟悉而慈祥的脸露出来，她看到眼前的一幕，很是疑惑。我微笑着介绍面前的孩子们，说明了我们的来意，阿姨感动得不知所措。其他楼道的阿姨们用羡慕的眼神看着我们。孩子们把包装好的礼物——胶皮手套送给阿姨。

代依宸开始朗诵主持，孩子们一齐读着《致敬清洁工》，阿姨们聆听着这美妙的童音，禁不住夸奖孩子们的普通话。孩子们朗诵得非常认真，眼神里充满尊重，声音里透着感激。

在朦胧浑浊的月色中，

就出现了您的身影由远而近地到来；

在梦醒时分的晨曦里，

响起了您轻微的脚步节奏多么欢快；

在尘埃的街道胡同里，

您挥舞着有力的双臂而尽情地舞动；

在每一处角落上，

您流下了辛勤的汗水在不停地澎湃。

您倾注了无尽的勤劳和热情的关怀；

在春色迷人的景色间，

您精心绘涂了无与伦比精美的画彩；

在绿色大地的家园里，

您铸就了高尚的情操和衷心的爱戴。

当春夏秋冬交换的季节到来时，

我们又听到您熟悉的脚步声到来；

云儿频频在招手太阳慈祥在微笑，

花儿幸福的绽放都在为您乐开怀。

手捧小礼物献给您。向前一步问候您：

您好！清洁工奶奶，请接受我们的爱。

颂读完后，孩子们给清洁工阿姨认真敬礼，在一片赞扬声中骄傲地返回班级。

我看着他们可爱的背影，心中赞叹：什么最美？如花的少年最美！他们心中洒满茉莉花的幽香——播洒善良、懂得感恩。正如我改编的那句歌词：让我来将你栽下，香飘千万家，茉莉花呀茉莉花……

这些小茉莉们，正走在感恩之路上，用芬芳的行动感染和感动着周围的每一个人。我相信，茉莉班的感恩行动会越来越美丽，越来越温暖。

## 14. 我等了你许久

有些"花儿"你不催，他也一样热热闹闹地开放。这样的孩子很容易被老师们记住。有些则不然，他们紧紧抱住自己的花枝，不轻易接受他人的靠近，更不肯敞开心扉对话，只是在风中睁大眼睛，安静地看着伙伴们舞蹈的模样。

陈慧、樊宇贤、王紫诺就是这样的花儿。在集体的花园里，他们从来都是安静的。但我相信，总有一天，他们会被整体的班风所感染、带动，并能主动跟进。

今天，陈慧心里的小种子开始"萌动"了。上午，我认真批阅了练习册，记录好几个孩子的错误点，上传到群里。下午，这几个孩子再次上交作业，陈慧就在其中。当她走上讲台时，我并未注意到她的眼神有何异样。接过她的练习册，她把一样东西放在我手里。我有些诧异，抬头看看这个安静的女孩，才发现她那渴望被关注的眼神。她看看我，又看看我手里的纸条。我意识到，这里有她想说的话。

　　轻轻打开，看到一行同样安静的字：茉莉老师，今天是感恩节，我不会让您生气的。我再次抬头看陈慧，这个依然安静的女孩子对我微微一笑。她用温润的方式告诉我："茉莉老师，我一直存在，我希望您能看向我这边。"

　　我轻声读了出来，有些孩子听到了，兴奋地说："原来今天是感恩节啊。"我向陈慧表示感谢，她甜甜地笑了一下。我把昨晚准备好的感恩课件展示出来。"孩子们，今天是感恩节，我们一起来读读这首诗，品味诗人如何表达他的感恩之心。同时，我们也可以自己填充词语，改换内容，将它变成属于自己的感恩诗歌。"

　　伴着音乐，品着小诗，我们走进感恩的世界。这里有爸爸妈妈温暖的叮咛，有孩子对父母爱的呼唤。孩子们大概好久没有这样酣畅地释放亲情了，那样大声地读着，感情极其充沛。我的心一次次被触动着。

　　在补充填词的环节，我巡视聆听。果真如此，每个孩子都是天才，他们说出的每一个词语都很恰当，都能深深表达一个孩子对父母的依恋与热爱。我想，如果他们的爸爸妈妈听了，一定会热泪盈眶。父母怎么也想不到，自己的孩子会如此表达：把爸爸比作蓝天，把妈妈比作白云，把自己比作美丽的彩虹。

　　还有许多神奇而暖心的比喻让我非常感动和惊讶！比如：爸爸是船儿，妈妈是帆，我是倒映着的影子，怎么都离不开他们的视线。还有的孩子说，"爸爸是根，妈妈是叶和花，而我是甘甜的果实"……

只有内心充满爱和被爱着，才能表达出如此浪漫而生动的比喻。

我每天都在发现孩子们的成长，有些是可以看得见的，但许多时候内心的成长是隐性的，只有通过长期的陪伴、观察、理解与关爱才能有所发现。

还记得王紫诺同学有一次在暮省日记上写道："茉莉老师开始喜欢我了。我真开心。"我笑了，孩子，你错怪了老师，其实老师每天都很喜欢你，只是你太安静，从来都不肯走近我。不知是什么原因，让你突然发现我对你的好。一定是你的努力，给自己争取到了赞扬的机会。如此说来，都是源于你自己的进步。

还有杨鑫，一个只愿意生活在自己世界里的女孩，每日都不惊不扰。就是这样一个安然的你，也被我激活了。老师让你负责卫生，最近，你这个"卫生部长"可谓日渐成熟，不用我去督促你怎样检查，课间总可以看到你忙碌巡视的身影，或疾走几步，或弯腰侧看，或指挥伙伴打扫。有时你会派人去找小组卫生指导员，教育一番，指导一番，亲眼看他们小组处理好卫生，才肯离开。你用认真负责的态度征服了六个小组的卫生指导员，从开始的不断皱眉，找我抱怨、诉苦，到现在的主动解决问题，淡定指挥卫生"战役"，从实战中增长了劳动智慧，提升了发现问题、解决问题的能力。所以，今天你被评为"茉莉班优秀部长"当之无愧！

每个班干部的成长、进步，都令我欣喜。有的无须你多加培训，但有的要慢慢等待。时间会让期待发芽的孩子更美丽。茉莉老师会耐心陪你一起开花。

## 15. 幸福的味道

在轻松愉快的晨光中，我又带领孩子们走进了芬芳的茉莉语文课堂。而在课堂上，我们"玩"语文，品味道，不断把问题延伸。比如在复习图文连线题之后，我又让孩子们把所有的词语都用上，来编写一小段文字，这样，孩子们有了挑战的感觉，既锻炼了文词组合能力，还培养了爱思考、善联想的好习惯。

孩子们已经形成了良好的思维习惯，在学习完生字和词语后，会自觉地说："茉莉老师，还要把课文中所有的生词都编在一个故事里，对吗？"我开心地点点头。好习惯一旦养成，你不言，习惯也会牵着孩子们快乐地行走。

最近，还创新了第二招，就是"及时喊停"！往常，孩子们的注意力总是不集中。怎么办呢？一味提醒，孩子们都当成了耳旁风，而且会有倦怠感。既然如此，我就来个"偷袭"，就是突然喊停！而且在喊停后，我会快速扫视或及时走到某一小组看看孩子们手指停住的地方，如果注意力不集中，一定没有指对地方。我就很容易地挑出注意力不集中的孩子，让他单独跟读几遍，作为小小的惩罚，并且给他所在的小组扣掉一颗星星。这使孩子们都认真了，一是怕自己被"茉莉眼神扫到"，二是害怕自己的小组失去星星。事关集体荣辱，强烈的自尊感让每一个孩子都能做到读书"三到"（手到、眼到、心到）了，读书效果和热情都大大提高了。而且，我还把读书、卫生、纪律、劳动、礼仪、歌唱、体育活动等几项结合起来，让每一个小组都充满了无限的活力和激情。孩子们既能在课堂上快乐学习，又能够培养集体竞争意识和团队的荣誉感。

为了让阅读延伸到家庭，每晚我们还要在班级群里互动。孩子们将读书的语音传过来，我会及时倾听和点评。鼓励孩子们爱上阅读，就是在丰盈他们的精神世界啊！

我愿意做一个这样的领路人，与孩子们一同玩语文、品阅读，扎实推进书写、拼读与初步写作，三路并进，一定会让小小茉莉朵朵开，一定会让茉莉班走向芬芳的明天。

## 16. 羽翼日渐丰满

源远流长又生动有趣的生肖文化，让我感到了教授的压力。难道只是让孩子们背下来十二个动物的名称吗？我和孩子们带着虔诚与好奇走进这生肖文化的洞天。

这里是怎样的一番景象呢？动物们上演着一幕幕故事，有和谐相处的，有斗智斗勇的，有真诚憨实的，有出其不意的，甚至还有狡黠利用的……目的都是能荣登"十二生肖"榜位。为了这个目的，动物们真是使尽浑身解数。不起眼的小老鼠，竟然能居生肖榜首，简直令各位动物傻眼。这些有趣的故事传说，都是我国古代劳动人民的智慧结晶。特别是十二生肖与十二地支之间的配对关系，更显示了我们的祖先热爱生活，想象丰富，善于思考和分析的能力。

为了让孩子们感受生肖文化的魅力，我做了课前铺垫。先教唱十二生肖歌曲，让孩子们在音乐中感受生肖文化。通过歌词学习，孩子们可以初步了解生肖排名顺序，并能感受每种动物的特点。然后排练十二生肖舞蹈。通过肢体表演来感受动物的可爱，同时舒展了筋骨，愉悦了身体和心灵。以上两点孩子们都做得很好，因为饶有兴趣，所以练习得不知疲倦。

点点推进，给孩子们布置的作业也很特别。六个小组，每组分配两个生肖，并让各组组长根据四个要求进行合理分工：一、收集生肖故事或传说；二、找动物成语；三、编写动物故事；四、收集资料并查找生肖前面的地支与所配动物的关系。

各位组长非常认真，他们在微信群里上传了自己的分配名单。

第二天上课，我就把学习主动权完全交给了孩子们。每个组员都在他人的汇报中获得新的知识点，他们除了惊讶、惊喜，还有对祖先的敬佩。

我特别表扬了陈俊宇同学。他对于十二生肖与十二地支的解读，使伙伴们清晰地厘清了两者之间的关系。在他朗读的过程中，我不断引导孩子们自己猜测，"根据俊宇同学的解读，你们发现了什么规律？'戌——狗'有什么关联？'亥——猪'又关系到几时？你发现两个地支与两种关联的动物活动有什么紧密联系？"孩子们积极发言，根据前面"酉时"五时到七时，夜幕降临，鸡开始回窝，展开联想，很快推算出"戌时"为晚上七时到九时，狗开始守夜；"亥时"是晚上九时到十一时，此时万籁俱寂，猪正在鼾睡。

我惊喜极了。孩子们如此主动学习，积极动脑，完全是被传统文化的魅力所激发与带动。我把话语权完全交给孩子们，让他们感受到学习的乐趣与激情，感受到中华民族传统文化的丰厚与幽远。

## 17. 元旦联欢带来的思考

孩子的世界到底有多精彩？通过元旦联欢，我看到了孩子们的另一面。

卞庆航，一个平日里不言语的孩子，竟然能在音乐中尽情欢跳，他闭着眼睛，是如此享受。

郑文远，这个长得很帅的男孩，平日里学习上虽有困难，但他多次表演节目，还时时指导其他小伙伴来表演。更让我惊喜的是他还有很强的组织能力。看来，以后可以让他当个艺术组织部长了。

刘琦，这个冷静、爱思考、不合群的孩子，平日里喜欢把小手揣在兜里，俨然一个小干部的形象。可他竟然把"小苹果"跳得如此酷！一招一式极其到位、刚劲有力，节奏感极强。

　　卢玲玲，最让我头疼的一个女孩子。从第一天开始，常常不知上下课，需要老师去满校园找；常常不明所以地号啕大哭，手里的纸团总是乱扔……但这一次在一首欢快的钢琴曲伴奏下，她能即兴表演，灵动的身体、变换的舞蹈动作，极强的节奏感、复杂的舞步，竟然都是自创！我故意换了一首风格迥异的旋律，她依然轻松驾驭，马上改变舞蹈风格，把优柔风情表现得淋漓尽致！所有的观众都看呆了。

　　史如平，一个爱说、爱笑、不安静的女孩子，嗓音甜美，特别爱模仿我的姿态和平日的吟诵，常常在班级群里发语音、视频，大方，有表演天赋，很自信。联欢日当天，当大家要离开时，她竟大声说："茉莉老师，我这三天会想你的。"惹得家长们纷纷夸奖她。

　　孩子们的表现都可圈可点，我想，只要用心给孩子们确立适合他们的发展方向，会对他们的成长有深远的影响。我相信，孩子们的未来是美好的，茉莉班的未来会更精彩。

第三章

做聪明的班主任

### 1. 把工作做细致——"本子变形计"

又要换新作业本了。我与这些"老面孔"对视着，20 年啊！我都看够了你们的模样。孩子们每次与你们相视，又怎能"一笑"倾心呢？

课前，发了两张调查问卷。

第一张调查问卷——孩子们，你们喜欢学校里发的作业本吗？为什么呢？答案很统一：不喜欢！原因相似：陈旧、不漂亮、没有新鲜感！

第二张调查问卷——你们心目中的作业本。

这一下，孩子们所有美妙的语言如蝶儿般飞到纸上，并以最快的速度传递着自己作为"一朵花"的想法。

"我的作业本能闻到春天的气息。"

"嗯，应该是特别的，没想出来，就是比现在的要鲜亮。"

"要有特点，看到就喜欢。"

"一定是童话般的吧……"

"如果是自己粘贴的该多好！"

"我希望的作业本是有星星的，有月亮的，有蓝天的。"

"必须是有童年味道的！"

我被这些热切的想法激动着，因为，我自己总是有颗"不安分的心"，总想让孩子们满眼新鲜和快乐。好！不是有个"椅子变形计"吗？那就再来个"本子变形计"吧！

第三节课就开始行动，设计图样，确定打印内容，最后打印，足足用了两个小时。

最后一张，调皮地从打印机里探出头来，我迫不及待地把它扯出来，大功告成！

最后确定的作业本封面从上到下，分别写着："我心中的伟人：_____；我可爱的理想：_____；我迷人的闪光点：_____；我应远离的缺点：_____；我最喜爱的事情：_____；我芬芳的班级和我伟大的名字：_____。"

这样设计，自有我的想法。先让孩子们有榜样的引领，激起他们树立伟大理想的热情和决心；发现自己的闪光点，找到自信心；清醒地认识到自身缺点并远离，时刻警示；用当下最喜爱的事情来慰勉自己，悦纳自己。

然后开始修剪，一张张粘贴本子的下半部分。最终，一本本有生命、有理想、有味道、有声音的创意作业本诞生了！

午饭后，孩子们看到这份礼物，一定会喜欢！

## 2. 班主任要成为孩子的偶像

"偶像"之所以吸引孩子们，或因"颜值"高，或因演技好。光环下的"偶像"是美丽的，呈现在公众面前的形象是完美的。

而老师就在孩子们身边，有多少老师能成为孩子们心目中的"偶像"？我们可能颜值不高，但我们可以用阳光的、积极向上的、充满春天气息的能量吸引孩子们。

如何让孩子们看到我们明朗可爱而美丽的一面？那就要走出去，到运动场上，到老师们的集体活动中，带上孩子们，让他们当我们的啦啦队，给我们加油，用我们的比赛热情去带动孩子，唤醒孩子与我们并肩作战的勇气和力量。让孩子们见证他们的老师是如何热爱生活、积极争取属于自己的幸福。也让孩子们懂得，想获得美好的东西，必须经过自己的努力。

这一天，学校提前举行了"三八节"娱乐活动。要想赢得奖品，必须参与到跳绳、抢凳子的活动中。

我让高年级的孩子把小茉莉们带到操场上。轮到我上场了，哨声一响，我手里的绳子快速地上下翻动。一开始非常顺利，可谓身轻如燕，但后来体力渐渐不支，掉了几次绳子，但我始终微笑面对。哨声结束时，我已经跳了143下，还不错，中等水平，可以获奖。女孩子们互相拥抱，还向我做出了胜利的手势。

第二个游戏是"抢凳子"，这就要全身动起来：眼看，耳听锣鼓点声，脚步节奏要跟紧，关键时刻，手臂也要提前做好准备。我扫了一眼孩子们，小家伙们都屏息凝神地注视着我，有的还紧张地攥着拳头。我告诉自己心不能慌，脚步不能乱，耳朵要听好，节奏要把握好。"当当……"锣鼓声最后一响，我瞅准了一个凳子，以迅雷之势抢先坐下来，孩子们开心地跳起来。比赛在继续，凳子越来越少，"局势"越来越紧张。孩子们齐声喊着："茉莉老师加油，茉莉老师加油！"我向孩子们挥手，正好看见郑泽旭的上牙紧紧咬着下嘴唇，比我还紧张呢。孩子们的心已经和我紧紧连在一起了。

中间一轮有惊无险，虽然是两个人同时抢到了凳子，但我坐了大半个位置，所以，我可以继续比赛了。最后一轮，在我前面的同事几乎不动，脚步似挪非挪，但还是被鼓点催着走了几步，我在后面不能按自己的步点前行，只好随机应变了。我仔细听着，感觉到鼓点要停，赶紧用眼睛搜寻附近的小凳子，在鼓点停的一刹那，我紧走几步，腿先伸到那儿，又是一个精彩的侧坐，稳稳"坐住"了这个位置。孩子们开心地欢呼着，我也兴奋地和同事击掌。

本以为这件事情就此结束了，但当我步入教室的一瞬间，教室里响起了雷鸣般的掌声，一张张小嘴巴齐声喊着："茉莉老师真棒！""茉莉老师好棒！""茉莉老师，你每次总能赢！""茉莉老师，真会抢！"

这些夸奖的话是出自孩子们的心啊！今天，我感觉到孩子们多么需要一个同甘苦、共奋进的阳光型的班主任啊！他们小小的心里也在比较自己的老师与其他老师。我抢凳子成功了，他们个个脸上都是无比自豪，说不定又如平时一样骄傲地说："那是我老师，那是茉莉老师。"

被"偶像"的感觉真好。因为，可以为班级注入新的凝聚力，我成了孩子们勇敢前行的旗帜，孩子们可以从我这里不断获得前进的勇气。未来的日子里，我要更多地走到孩子们中间去，在不同的活动中，用童趣感染童趣，用快乐点燃快乐。

此次活动，让我看到了老师在孩子们心中的位置是"至高"的、"无上"的，正因如此，老师"这面旗帜"的引领就更要慎重，老师肩上的责任也就更重。

夜深了，孩子们也都睡了，我们种的那棵小树呢？也正做着一个成长的美丽的梦吧……

### 3. 必须让孩子有团队感

坐下来，回首一天的过程，颇有感触。

今天主要思考的是团队精神。一个国家有凝聚力，人民团结，才能构筑起强大的精神长城，才会让一切力量都望而生畏。但凡脱离集体荣誉感的人，即使事业上是成功的，如果没有团队相助，也不会走得更远。让自己内心更丰盈，只有融入、跟进团队，才能有更多的安全感。你进步时，才有更多温暖的掌声与分享的快乐。

茉莉班，渐渐让我看到了团结的力量，它越来越坚韧，越来越迷人。从小组建设到整个班级文化构建，已经形成自己的特色，渐渐显现出自己的风采。但就是在这样的团结奋进中，我仍然看到了个别不协调的音符。我在思考，为什么我精心去教诲，但对于个例就是效果甚微呢？答案就在家庭教育。当学校教育吹着号角指明方向努力引导时，家长却在另一个方向等着孩子，弄得孩子不知哪是对的，哪是错的。最后只能从本能来判断——利己的就是"正确"的！

一个团队的发展要有正确的方向，有了鲜明的旗帜，成员们就有了奋斗的信心与目标。今天，我们的孩子在冬日长跑中率先打出茉莉班旗，孩子们不断接力当旗手，那是勇往直前的力量，更是一种召唤，牵引着我们一直向前。孩子们即使跑累了，也不会放弃，一直在努力跟进，再跟进。

下午发生的事情，更是让犯了小错误的潘同学感受到了团队的温暖，以及集体荣誉感。他拿着喝完的奶盒，在走廊里当球踢，被巡视的老师发现，点名批评。我没有单独让孩子承担错误，而是让他所在的团队——智慧组，全部站起来，让孩子们谈谈自己的想法。每个人写出反思，但角度不同。当事人——潘同学必须写出自己这种不文明行为造成的不良影响。组长写出如何管理其他组员的反思，而组员则写出如何规范自己的行为。

午后，我检查了他们的反思作业，并让智慧组的 9 个孩子排着队去找年级主任，并递交了各自的反思。整个过程我没有跟进，但我能想象到孩子们诚恳认错的模样。因为 9 个孩子回来时都是满脸认真，他们深沉的表情让所有孩子都感到了团队荣誉的至高无上。这就是最好的示范。

我告诉孩子们，不要放弃你团队里的任何一名队员。哪怕他犯了错，你们都要接纳他，更要帮助他。因为那时他最孤单。如果我们丢弃了他，他就失去了进步的机会，所以，你们要伸出手来，紧紧团结在一起，用团队的参与行动来告诉犯错的同学：即使你错了，我们依然爱你。同时，这次反思也让潘同学有了愧疚感，他的神情已经告诉大家：我错了，连累了团队成员，很是难过。

这件事情也给其他小组一个反思的机会。从这个角度来思考，我倒是要感谢潘同学给大家提供了一个修正的案例，一个能让小组建设得更好的契机。同时，我也要做好预案，积极应对一切未知。我感觉到不管是自己还是茉莉班，正在集聚破茧成蝶的力量，华丽的蜕变在等着我们。

期待明天，但更加关注今天的每一件小事、每一个孩子、每一寸时光。

### 4. 剪掉长辫，真精神

一天下午，办公室门口探进一个脑袋，问金老师是谁，我示意本人就是。原以为是班里哪位孩子家长，没料想是一个新转班学生的家长。

我探寻他身后，却并未见孩子。不一会儿，孩子被领到我面前，他一脸拘谨，身体还哆嗦。我问他任何问题，他除了摇头，唯一的答案就是："不知道。"我弯下腰说："只要告诉我你的名字和以前的学校就行。"但是他依然答不出来。他爸爸很尴尬，更焦急，不得不替儿子回答。我理解孩子的拘谨，初次见面，陌生的环境和老师让他不知所措。当他回头时，我看到他的脑后长着一条长长的"尾巴"——细细的麻花辫，编结得特别精心。

我皱了下眉头，回想孩子刚才的害怕，决定先不问了。我直接带孩子去教室，认真地介绍了他，懂事的孩子们用掌声欢迎他。我安排孩子爸爸去领课桌，随后夫妻俩出现在我的办公桌前。孩子依然是无措的。此时，我稍微组织了一下语言："这个长辫子有何特殊意义吗？""没有，老师。"孩子爸爸急促地回答。"那为什么要留呢？""只是因为好看。"爸爸又回答道。"可是，这样会影响他对性别的认识。"他的爸爸表示认同，但并未完全明白我的意思。我接着问了一个关键的问题。我转向孩子："孩子，请告诉我实话，晚上关灯后，有没有经常摸你的小辫子？"孩子突然很用力地点点头。"这条辫子应该剪掉。孩子，你愿意吗？"孩子点了点头说："愿意。"我想，这是实话。从一开始留辫子就不是孩子的意愿，一切都是大人在替他做主。或许，他早就厌烦了这条"尾巴"，我无法想象一个男孩子这么多年怎样被它烦扰着。

"那么，你们二位家长也同意吗？"我认真地看着他们夫妻。

两个人很用力地点点头，说："同意。同意。"

"孩子，你是愿意老师给你剪还是回家剪？"我侧身问。

"想回家剪。"但是我担心回家他们又会变卦，接着追问了一句："想不想让老师给你剪呢？"此时，孩子勇敢地看着我，没有再看他父母一眼，坚定地说："老师剪。"

这是一个值得纪念的时刻。轻轻握住他的细长的辫子，剪刀已经接近发根，又追问了一句："老师真的要剪了，可以吗？决定了吗？"孩子还是坚定地点了点头说："想好了。老师剪吧！"

我稳稳地握着剪刀，此时心里有种神圣感，如同给一个婴儿洗礼。当剪刀与发丝接触、咬合，我看到孩子用发颤的双手捂住了眼睛。当那条小尾巴掉落下来时，他的妈妈迅速接过去，收藏好。我似乎看到了她心里的一丝痛。我问孩子什么感觉，他说："就是有点疼。"然后摇着小脑袋，好像在找寻那份无比轻松的感觉，似乎他的小世界突然改了模样。

是啊，这个叫李宇斐的男孩，在茉莉班还会发生怎样的故事呢？

## 5. 快乐挡不住，游戏中思考

今天，孩子们竟然迷上了打纸卡。这可是我们小时候玩的呀。没有责怪他们的闹腾，反而有一种"游戏回归"的温情。这样不是很好吗？用废纸可以找回童年的快乐，而且无须花钱，只需折叠几下，轻轻捏住一角，吹一口气，再用力一甩，只听"啪"的一声，就创造出一个快乐的音符，引发了嘴角的微笑，灿烂了整个茉莉班。与其制止孩子们玩，还不如一起融入快乐！我也来学一学。"噗"，也吹一口气，如同孩子般快乐地一甩，尴尬，竟然没有甩响。不行，再来一次。我接过子涵的纸卡，认真操作。这一次，竟然响得很，子涵被"震"蒙了，傻傻地站着，随后，快乐地拍手。

为了让孩子们在玩中思，我提出了一个问题，中午回家和爸爸妈妈一起探究，纸卡的声音是从哪里发出来的？不同的纸张叠出的纸卡声音一样吗？为什么？

这个特殊的作业立刻引发了高分贝的掌声。

下午，孩子们都把自己的作品带来了。各式的纸卡映满了眼，教室里此起彼伏地响着"啪啪"声。茉莉班的快乐满教室飞。孩子们的"纸上谈声"答案更是精彩。

"茉莉老师，吹一口气，用力甩，空气宝宝就被挤出来了，就有了响声。"这个马启智，每次的答案都令我惊喜！

"茉莉老师，厚的纸叠的卡声音特别大。"刘涵欣喜地说着，还赶紧甩了一个大大的"响"。惹得几个男生也凑过去。刘涵甩了一下小辫子骄傲地笑了，真有一种"巾帼英雄"的气概。

"茉莉老师，我的也是，我做了两个，这个薄薄的纸，声音比我这个挂历纸小。"丁子丹补充说。

"那是为什么呢？"我趁机问。

"因为纸是硬的，甩的力量大吧。"很有想法的孩子。

"茉莉老师。"郑傲举着一大一小两个纸卡说："我觉得大的卡声音大，小的卡声音小。"

"哦，这又是什么道理呢？"我赶紧侧过头来问。

郑傲还没来得及说，郑泽旭就急切地说："因为，大的里面地方大，吹一口气就多，响声就大。"他的表述虽然简单，但道理我听懂了。我夸奖孩子们很棒，爱思考，勤动脑，又能在实践中获取自己的感受，积极寻求答案。这已经不单单是一个"游戏"的问题，它更激发了孩子们热爱科学、积极探究的热情。

我在获得童真和快乐的时候，也更感谢自己，没有因为闹腾而粗暴地制止孩子们的游戏，而是顺势引领，引发出更有价值的东西，那就是快乐智慧的成长。

## 6. 我抢到了美美的"劳动"

班级建设要做到细微、科学、丰富、有序，教师就要多动脑子。比如我们班的文化卫生建设。

之前，我就给每个孩子安排了任务，比如，窗帘小天使、脚垫小卫士等，但过了一段时间，孩子们有些"倦了"。于是我想刺激一下孩子们。"孩子们，劳动有多美？谁来说说呢？"孩子们有的说会让我的身体变干净，有的说会让我们的教室变美丽，让生活更美好……

"可是，最近茉莉老师发现有些地方都被它的小主人忘记了呀！镜子上有了灰尘，照出来的模样也不美了。墙壁上的粘贴画损坏了，墙壁也在哭泣。"孩子们听了，有的缩了一下脑袋，有的歉疚地低下了头，还有的干脆趴在桌子上。我知道"听者有意"了，接着说，"在我们班，能够让环境变美的孩子，不就是天使吗？用自己的双手让地面、墙面、桌面等变干净。谁愿意做这样的天使呢？"

孩子们高高举起了手。我说："咱们现在限时开始抢美美的事情，看谁速度快，最先抢到自己的事情。"话音刚落，孩子们都纷纷举手。瞬间，班级里的事务就被"瓜分"了：刘加胜抢到了他最爱的"水桶"，徐正辉抢到了"黑板"，史如平抢到了脸盆，郑傲抢到了垃圾筒，卢玉清抢到了后门，韩金歌抢到了大橱柜，厉想抢到了摆放扫帚的活……有的孩子没有抢到，我就让他们看看教室里还有什么需要服务的地方呢？孩子们经过一番观察，终于都找到了属于自己的"美美的事"，比如，郑成亮找到了整理讲桌洞，葛浩文想为墙壁服务，袁英豪想为小组同学整理桌面……

课下，每个孩子都在为自己美美的事情服务，班级里井然有序，每个孩子看到自己的劳动成果，都开心地笑了。此时，我们的教室不正是盛满了浓浓美事的幸福家园吗？还有什么比爱和付出更美的呢？

第四章

家校共育，架起心灵之桥

## 1. 家校合作共育叙事

如果说我是一粒有梦想的小种子，那么新教育的田野就是我成长的快乐家园。沐浴爱的阳光，滋养芬芳心灵，我用智慧与汗水培育出朵朵"新父母之花"，把温暖与大爱之光洒在大宝们的心田，引领二胎及多胎家庭走向健康阳光的心路。看到大宝们快乐地生活、学习，我前进的脚步更加坚实。

孙云晓先生强调，家庭、学校、社会三者合育，使三者教育环境和条件发展变化。

朱永新先生也说，家校合作有利于发挥家庭的教育功能，有利于建立现代学校制度，有利于提升教育教学质量，有利于提高学校教育满意度，有利于形成良好的师生关系，有利于构建和谐家庭关系，有利于父母孩子共同成长。

班主任是一个班的组织者、领导者和教育者，也是教育工作的协调者。我深深认识到家校共育的重要性，更认识到关照二胎家庭中大宝们心理健康的迫切性。为此我做了一点事情，记录下自己的思考和行动轨迹。

### 爱的关注，茉莉老师的心疼与忧思

茉莉班有 51 个孩子，自去年春至今，班里二胎家庭急增至 18 个。二胎的出生，确实会给大宝带来一些心理波动。他们的生长状态正影响着整个班级的"拔节"。每每看到大宝们眼里闪过的无助与忧虑，我就会心中一动，隐隐作痛。

是啊，随着二胎时代的来临，众多的"70 后""80 后"父母加入了生二胎大军。然而，生养二胎不仅是一个经济问题，更是一个很重要的教育问题。有多少父母在生二胎之前，能够认认真真做好大宝的心理疏导工作呢？

我跟家长们聊天时，苏姝彤妈妈说："有了第二个孩子后，我的确把更多的精力放在小的身上了。老大姝彤常常埋怨我做饭不如以前美味了，扎辫子也不如以前好看了。有时甚至顾不上给她扎辫子，整个生活有些乱了节奏……"

### 大宝的忧伤与担心

自从大凯妈妈怀了二宝，大凯表现得越来越不听话，故意不写作业气妈妈，故意打碎东西，还蛮不讲理，常常把这样一句话挂在嘴边："你肚子里的孩子不听话，你怎么不打他？"

大宝——成成同学，他以前是一个多么懂事的孩子啊！从不惹是生非，总是默默关注班级，做好我的小助手。但开学后，我越来越觉得他不对劲，班级里的"阳光信箱"常常收到告他状的信件。比如：故意推同桌的书本，故意把喝完的牛奶盒子放在地上踩，这一系列变化的根源是他的妈妈有了二宝。

二胎父母由于未关注大宝们的心境变化，使大宝们长期生活在这种消极的氛围下，过得不开心，心情也会日益糟糕。我跟宝妈们分析了这个现状。

如何让大宝们愉快地接受家庭新成员，稳稳地度过心理"恐慌期"呢？如何让父母们不在心理上"厚此薄彼"呢？

### 引领大宝们的精神成长

茉莉班设立了"阳光信箱"。这里装着大宝们说给茉莉老师的心里话。我常常看到孩子们踮起小脚，把手中的信庄重地投进信箱。那一刻，他们该释放出多少压抑，又该带有多少期待呢？茉莉班的孩子们非常珍惜这样独特和贴心的交流方式。我每天下午开启信箱，晚上阅读，并用书信方式回复。我和大宝们就用这样的方式交流着，感悟着，有些孩子常常昨日心情还有"雾霾"，今晨就已"阳光灿烂"。孩子的快乐是藏不住的，他们回答问题时自信多了，劳动起来更是满怀热情，作业书写更加工整。这些美好的变化每天都在茉莉班上演。大宝们每日带着这样积极阳光的心态回家，心里没有了困惑，阳光自然照进来。

### 护蛋行动，感受母爱的伟大

爱是美妙的体验，行动是最好的证明。如何让孩子们体验到妈妈孕育的辛苦？如何让孩子们感恩生命的伟大，学会坚持，并培养他们的耐心和意志力呢？

为此，我们开展了护蛋行动。即从 2017 年 3 月 17 日到 25 日。每个孩子准备一个生鸡蛋。这个生鸡蛋被当作一个小生命，孩子们就是"蛋妈妈"，每个孩子都要给"蛋宝宝"取一个可爱的名字。许多孩子都把自己的鸡蛋进行了装饰，画上了可爱的图案。丁佳璐同学带了两个鸡蛋，分别给它们画了"男宝""女宝"模样，特别可爱。除学校体育运动时间，孩子们每天将鸡蛋从家带到学校，放学后再把蛋带回家。孩子们要时时刻刻把鸡蛋带在身边，孩子们如同妈妈，既要保护好自己的蛋，又要善待别人的"蛋"。

在"护蛋行动"开展过程中，孩子们要及时记录自己的护蛋感受和思考；如果鸡蛋打碎了，要记录鸡蛋打碎后的感受。看到孩子们的用心，我很感动。如果打碎了蛋，要写一份"蛋宝宝"的"死亡报告"。

胡顺凯的鸡蛋裂了一点，他想丢弃掉。我告诉他，如果你生

病了，父母会对你置之不理，甚至会抛弃你吗？越是这样，我们越要想办法保护好，如同平日里父母对待"受伤"的我们。看到赵雪涵的"蛋宝宝"不幸"夭折"，她难过地哭了……伙伴们都极力安慰她，很快，她加入到与伙伴们一起护蛋的行动中。

有 14 个孩子虽然退出"护蛋"的资格，但他们同样懂得了"护蛋"的辛苦。护蛋成功者获得了小礼物——一支钢笔。孩子们很珍惜礼物，因为这包含了许多艰辛与爱的感悟。

这次"蛋宝宝"综合实践活动，全班 51 个孩子都能积极主动参与，孩子们在活动中受到了很好的教育。

杨鑫同学说："现在我终于知道做事的艰难。通过这件事，我终于知道这些小生命的可爱之处了，也更懂得了父母的辛苦。生命是多么伟大啊。"

代伊宸同学说："通过护蛋活动，我学会了坚持，培养了耐心和意志力，体会到了成长的艰难，更培养了我的爱心。我在以

后的日子里会爱护生命，珍惜亲情。"

张涵钰同学说："我知道了要用心做事，懂得了珍惜生命，用实际行动回报父母的关爱。"

王艺璇写道："我每时每刻都想着不要让手中的这枚蛋受到伤害。以前我做事粗心，今后我做什么事情都要认真。"

读到这样的语言，我为他们的成长感到开心！孩子们在体验活动中表现出了强烈的责任感，也获得了一些生活知识和体验，并受到了感恩教育。

特别是有二宝的家长们，反映这次活动开展得很有趣也很特别；通过活动，懂事多了，懂得体贴大人了。他们都认为这次"蛋宝宝"活动很有意义。

### 亲子课程，爱的互动

茉莉班的亲子课程包括亲子共读、亲子共演、亲子旅游、亲子娱乐等一系列亲子活动。通过各种亲子活动，增强亲子间的互动和交流，亲子在活动中一起成长，建立起共同的生命密码。

### 亲子共读

读书是改变思想的有效途径。新教育认为，最好的家庭教育应从"亲子共读"开始，从父母与孩子的分享开始，从父母与孩子的共同生活开始。自 2016 年 9 月起，我利用周末组织并开展了"萤火虫书香读书会"，引领家长和孩子们共同读书。亲子共读是父母与孩子一起成长的重要途径。我们购买了《好父母决定孩子一生》等家教书籍，边阅读边进行交流。在读书会上，大家谈自己最受益的章节、谈自己的认识，反思自己的教子方法。家长们都说读书会对教育孩子很有指导意义。亲子共读，用最温暖的方式，让孩子掌握"阅读"这种人生最重要的学习武器。亲子共读也让父母与孩子建立起共同的语言密码，成为真正的一家人，更打开了大宝们与爸爸妈妈之间的心结。

### 亲子共演

我编创了童话剧《一个都不能少》，师生、家长共同登台演出，让孩子们感受到"懂得感恩，让生命更快乐"。有时，我们也会表演经典童话剧、绘本、诗歌等，体验故事主人公的生命成长历程。家长和孩子们一起准备，体验过程中的忙碌、紧张、成功和喜悦感，一起享受那份亲情，拥有共同的生命记忆。有的孩子演完节目之后说：妈妈，我们一家人在一起真好，我好幸福。家长也感慨地说：感谢茉莉老师，如果不给我和孩子创造这样的平台和机会，没有这样共同的任务、目标，心灵不沟通，思想不碰撞，就没有交集，这是比写作业、吃饭、睡觉更幸福的事。其实孩子真正需要的不在于吃什么喝什么玩什么，而是一家人其乐融融的那种幸福。

### 亲子游历，感恩自然与社会

为了让孩子们走出教室，感恩社会，我带领孩子和家长到敬老院，为老人们送温暖、献爱心，孩子们表现出色，他们或朗诵，或表演武术操，或吹

口琴，如一股春风，温暖着一颗颗苍老的心。

我们还一起去黑陶馆，体验制作黑陶的快乐，一起制作了一个巨大的"茉莉花黑陶"。

在游玩的过程中，孩子们与家长增进了感情。同时，丰富的活动强化了班级凝聚力，凝聚了同学间的团结协作精神。

### 亲子书信交流

每个周末，孩子们与他们的爸爸妈妈都有一场来自心灵的畅谈，他们各自读着写给对方的信，温暖的文字如清泉、如春风，爱在大小两颗心中荡漾。我能想象到那是多么温暖和感人的场面。在周一早上，我会邀请其中几位登台朗读，让全班孩子感受那种阳光的心态、接纳家庭新成员的激动，感悟新生命的美好。

### 分享家长学习笔记

引导家长学习新的家庭教育理论，通过案例学习进行反思，并写出心得。如今，我们已经积累了整整一个笔记本，家长们用心摘抄自认为有价值、符合自身家庭状况的文章，并写出反思。其中，一些家长的体会感人至深，有歉疚，有鼓励，字字都是爱与情的凝结。

朱永新教授说："没有父母的成长就没有孩子的成长。"通过这些途径，家长们慢慢改变了思想，改变了教育孩子的理念和方式。同时，家校沟通更顺畅，家长和老师共同学习，互相交流，共同提高，一起走在学习和成长的路上。我们的家校共育故事，在新教育的春天里正焕发勃勃生机，茉莉班这个温暖的大家庭，正手挽手、肩并肩地追求幸福完整的教育生活。

### 彰显家长特长，共育绽放精彩

茉莉班组织的各项共育活动，家长们都热情参与。在活动中，家长们听课，观察学生作业，听取班级小组成长汇报，并在座谈会上发表意见建议。我还将有特长的家长安排到班级，给孩子们授课。如今，茉莉班的书法、器乐、武术、绘画、剪纸等，都在家长的参与与指导下小有成就。

### 家长制作美篇，回忆大宝成长故事

在 2018 年 10 月举行的"日照市新教育现场观摩会"上，我带领孩子们和家长们进行了 30 多分钟的汇报展演，得到了与会领导和教干教师的高度评价。平时，我也把"茉莉班家校共育"的经验带到市、区其他学校分享交流，自己也获得了更好的成长。

"衣带渐宽终不悔，为伊消得人憔悴。"为了孩子们身心健康成长，为了班级更和谐的发展，我会坚守家校共育这片美丽花园，用心血浇灌出更多美丽的茉莉花。

## 2. 郭妈妈进课堂——温暖的陪伴

在昨晚的组长汇报作业中，只有一位同学——郭亮没完成。听到这个名字，我皱起了眉头，这几天他怎么又懈怠了呢？是时候请他的妈妈来"做客"了。

这样的"邀请"真的好难为情呀！我要摆正心态，考虑到家长的情绪，以及自己的讲话语气，不能让他们觉得这是一种迁移的惩罚，而是陪孩子成长的方式。

一番真诚的交谈后，郭妈妈应邀而来。

郭妈妈走进课堂后，我安排她与儿子同桌而坐，并递给她一张 A4 纸，让她抄写课文里喜欢的段落。我悄悄观察郭亮，他很努力地写着，没有和妈妈说话，而妈妈也在安静地"学习"。

时间总会给我们一些惊喜。第一节课还未结束，郭妈妈已经写好了她的作业。她写得很认真，我表扬了她，还特意传递给孩子们看。孩子们很惊讶，给郭妈妈点了好多赞。

孩子们在表扬郭妈妈时，郭亮始终低着头，他在思考什么呢？是愧疚？是自豪？……我轻轻走过去，看到这个让人捉摸不透的小男生的作业写得超级好。果然，心灵的感悟比厉声的批评更有力量。

下课了，平日里抢先跑出去的郭亮竟安静地坐在那里，与妈妈说话。

第二节课要进行期中测验，题量大，试卷长。这对郭亮是一个极大的挑战。

此时，我给了郭妈妈第二张 A4 纸，"你可以记录班级里的一些事情，自己孩子的、老师的、同学们的，都行。"我微笑着说。

郭妈妈会心一笑，接受了任务。有个"榜样妈妈"坐在一边，孩子的心灵怎能不受到影响呢？

有时，只需要简单的陪伴，但这样的陪伴就能让内心充满力量，我们又做到了多少呢？

"平日里我们总是各种忙，停不下的心，总是在赶路，忽略了孩子的长大，不知道孩子心灵的嫩芽在何时长出了新鲜的一枚，或者凋落了一片。请坐下来，和孩子一起看看风景。"这是我写给郭妈妈的纸条。她看着它，用手背轻轻抹着眼角……

我想，今晚郭亮和他妈妈一定会有一次很透亮的谈心，它如同明灯，点亮孩子和妈妈的心窗。

### 3. 家校共育——聆听滕爸爸"讲故事"

至今，已经有 10 位家长先后走进了我们的教室。

让家长进课堂，聆听"家长讲故事"，让孩子们长了不少见识。爸爸妈妈们的成长经历、工作历程，对孩子们都会产生莫大的心灵震撼。

今天来讲故事的是滕浩凯的爸爸——一位水果店老板。但滕浩凯的表情很复杂，似乎担心爸爸讲不好。而这位高大爸爸更是担心自己讲不好，我一再鼓励他，就按自己的想法去讲。

孩子们用掌声迎接滕爸爸。我把话筒递给了他，刚开始他有些不知所措，但之后渐入佳境，说话也更加有力量，内容更是感人。他从 18 岁讲到了现在，其中的酸甜苦辣，让孩子们动容。很多孩子边听边记录滕爸爸创业历程中的故事。有的还主动提问。滕爸爸朴实、真挚的回答赢得了孩子们的阵阵掌声。滕爸爸很会教育孩子，他还联系教室墙壁上挂的《孝为先》图文故事，结合自己的实际，讲了如何行孝，在看到父母的艰辛后如何奋发努力，以及在自己富有时如何更加孝敬父母。孩子们听了，眼泪在眼眶中直打转。

这位爸爸用内心的柔软感动了所有的孩子。最后，我们在《感恩的心》的背景音乐中，分享着滕爸爸带来的水果。教室被浓浓的感恩之情包围着。

夕阳中，孩子们背着书包纷纷离校，我倚在窗前，幸福地目送着他们……

### 4. 课堂上总有明亮的地方

周一，家长进课堂。这次轮到厉想妈妈、卞庆航妈妈。

她们俩早早来到教室，组织孩子们早读，并且带队升国旗。一切都井然有序。两位家长已经有了相当的管理经验。孩子们也特别喜欢两位阿姨。

今天与孩子们学习的是第九课《两只鸟蛋》。课堂上那些精妙的语言不时点亮我的快乐。

低年级的孩子主要是学习识字，此时，"授人以渔"就显得格外重要。给孩子们讲授识字方法，让他们凭借本领自学生字，感受发现的快乐，也增强他们课外阅读的兴趣。

每次学习生字，都是我们珍贵的快乐时光。

郑泽旭："茉莉老师，我想记忆的是'取'字。要想取东西，就要先用耳朵听。听了一次，听不清，又说一次。"我带头点赞。"郑泽旭同学把学习与生活连接起来，真了不起。我们的祖先在造字时，就是为了表达方便。学习，就是要和我们鲜活的生活相联系。"

史如平："我想说这个'蛋'字，下面一个虫，是说小鸟儿要吃虫。"我顺势问："那么，鸟儿们都吃些什么虫？它们怎样吃虫？吃虫对大自然有什么好处？同学们中午回家查阅资料，下午分享一下，好吗？"没想到这个问题如此受欢迎，孩子们兴奋地喊："好！"

快乐激活快乐。一个个难记的生字都被孩子们巧妙攻克。我们越来越感觉到识字的快乐，加一加、减一减、编一编、换一换偏旁，让一个个汉字变得有生命、有光彩起来。

今天最出彩的是厉想同学。这个好脾气的孩子，不管周围的世界如何惊天动地，她总是波澜不惊，我常常惊叹于她的这种品性，怎么就那样善良和宽厚。在厉想身上，我学到了那种包容、从容、真实的童真。她绝不会像其他女孩子那样在我面前说赞美的话，但她的的确确真诚地爱着我，爱着茉莉班。每次到教室，总是有礼貌地问：茉莉老师好。有时还到我办公室，轻声慢语地说："茉莉老师呀，刚刚杨紫钰被王记烽打哭了，你可以去看看吗？"一个小小的女孩子，竟然有那样柔和的力量。

或许是大家的快乐激发了你，而坐在一旁的妈妈也给了你巨大的动力，你勇敢地站起来，表述自己识记"轻"字的方法。"老师，可以用'经'字来记忆'轻'字。只要换换偏旁就可以了。"此时，有几个孩子自言自语地说："对呀！我怎么没想到呢？"

伙伴们的夸赞让厉想的幸福感满满，但她还是一贯的温柔谦和，悠悠地坐下。好像她的世界永远都是慢时光，连光束也是柔和而暖心的。

下午，"减盐"行动。

先带孩子们看了一个减盐知识讲座。然后，又让孩子们进行了盐水实验课。孩子们拿出早已准备好的矿泉水、小汤匙、一小包盐粉、一个干净的纸杯，按照我说的，先在纸杯里倒上半杯水，再加入一点盐，用各种方法让盐溶解。比如，有的孩子轻轻摇一摇，有的用汤匙搅拌。"现在，盐都跑到哪里去了呢？"我问。

孩子们说："都融化了。"我纠正道："应该是都溶解了，现在你们想不想尝一尝呢？"孩子们用舌尖舔了一下，立刻，怪异的表情充满了茉莉班。怎一个"咸"字了

得！看到孩子们的模样，我笑了。我又让他们继续在同一个杯子里加入一些盐。这一下，痛苦的表情更加夸张了。

孩子们说："老师，盐吃多了会死人吗？"我赶紧引入主题，说："是的，请回去告诉爸爸妈妈，做饭时要少放盐，每人每天食盐量不超过 6 克。"

孩子们问："茉莉老师，什么是 6 克？"此时我才意识到，我面对的是小孩子啊！于是举了一个生活化的例子："6 克就相当于一个啤酒瓶盖子那样多。再多了就有得高血压的危险。"

这一下，孩子们"恐惧"起来，七嘴八舌地说："老师，我的妈妈一顿饭就能放那么多呢。""是啊，我妈妈也是。"

我笑着说："所以，为了我们的健康，我们就要好好控制盐的食用量。今天回家就跟妈妈讲'减盐'的好处，好不好？"

放学的铃声就要响了。我们的每堂课，都被智慧与热情照亮。今天，孩子们又是带着快乐回家。

## 5. 应该的……

"应该的，亲。"就是这样平平常常的一句话，却足以暖透整个冬天。为什么我总是与春天相遇？因为心里早已播下温暖的种子。只要有爱的地方，就可以发芽。

我的家委会伙伴们常常把"应该的，亲"挂在嘴边，又使它如爱的小溪流淌在茉莉班群里。

璇妈热心组织大家为孩子们买桌套、洗桌套、套桌套，我为她写博文，深表感谢。这位朴实而爽快的伙伴一连串地说："应该的，亲。"

依宸妈提议在班里增设挂小手巾的卫生角。我觉得很好。一早，宸妈就打来电话，说根据分组情况，已经给孩子们买好了不同图案的小方巾，还有粘钩，让依宸带到班级里。我感动，道谢，得到的回答同样是："应该的，茉莉老师。"

于王康爸爸对茉莉班倾注了很多心血：即使耽搁了工作，也为茉莉班随时守候；即使再忙，也要请假来参加茉莉班的升旗活动。我感慨致谢，他搓着两只手说："应该的，老师。"

究竟有多少家长说过"应该的，茉莉老师"？我已经记不清了。每天生活在懂我的孩子们中间、懂我的家长朋友们中间，我已经很幸福了。

晚上，群里依然很热闹。璇妈对班级的热忱激发了其他家长参与班级工作的热情。今天，小记者团的活动，我完全不用操心，都由姝彤妈承担。从下午到晚上，群里的家长们一直在跟彤妈沟通、联系。活动需要每位孩子的身份证号，这可是一个烦琐的工作。一组组数字足以累花眼睛。每每有家长致谢，她总是回复："应该的，亲。"

就是这样一个团队，让"应该的"成为工作的理由，成为无私奉献的荣光。

我们不管做什么，只要责任在心，就始终觉得是"应该的"，就会尽心尽力，唯恐做不好而心不安。

不让一个孩子掉队，不管付出多少心血，都是"应该的"，因为我的职责就是教书育人。如同花匠要呵护好每一株花儿，清洁工人用心清扫每一条街道，医生努力救治每一位病人，公交司机安全服务好每一位乘客……我们在荣誉与赞扬面前一定会说同样的一句话："应该的。"

希望孩子们也都像爸爸妈妈一样，常把"应该的"挂在嘴边。比如，应该认真完成作业，因为你要做一个知识丰富的人；应该与同学好好相处，因为我们是朋友；应该养成好习惯，因为我们要成为更好的自己；应该为班级付出，因为茉莉班是我们的"大家园"……应该的事情太多了，它藏在我们每一寸时光里，扇动着一双可爱的翅膀，等我们去拥抱。

奉献多了，自然会有额外的奖赏。"应该的"，会让人心安和淡然，没有那样多的功利心，心灵自然舒展。

今天，我的小茉莉们似乎也懂得了什么是"应该的"，他们把书桌和桌洞都整理得整齐干净。这就是对班级的尊重，对老师的感恩。

而老师也应该对所有的家长与孩子们说一声：为了茉莉班美好的明天，我们所有的付出都是"应该的"。

## 6. 新教师、新孩子、新家长

### 激活课堂

理想课堂，可以激活孩子的思维，碰撞出智慧的火花。无限相信孩子的潜力，不断给予他们平等对话的平台，孩子的心就是自由舒展的，思想就会被解放出来。于是，文思泉涌也好，妙语连珠也罢，都水到渠成了。

今天的语文课，孩子们的表现精彩极了！

下周即将考第三单元，所以今天复习一下。我们的智慧列车行驶到第十一课，孩子们再次被那场秋雨迷住了。恰好，窗外也飘着雨，我们干脆就停留在这个驿站，再次欣赏秋雨的美。没想到，一边"温故"，一边"知"出那样多的"新"。

我们走进那"五彩缤纷"的秋，在秋的沃野里飞奔。许多孩

子抓住了属于自己的字、词、句。他们把奇妙想象延伸到文本以外，让我看到了另一个灿烂多彩的秋。

惠新茹："秋雨是个调皮的孩子，秋妈妈没有管住他，一不小心，就打翻了颜料盒，把色彩洒得到处都是……银杏叶就是小扇子，不但扇来了秋的凉爽，还是冬的使者。因为，秋去冬来。"

陈俊宇："我喜欢'金色的海洋'。因为风儿吹过，秋天的田野就像大海里的波浪一样高高低低。"

此时，高同岳又一次高高举起了手。我示意他起立说，他同样也喜欢这句话。本想让他坐下，但他执着地说："我跟他不一样。我的还有狂风，麦田就会是狂风巨浪。如果是小的风，就是细细的波浪。"我还未走出惊讶，孩子们就热烈地鼓起掌来。

于凯也被"激活"了。他最近变化太大了，我都能感受到他的成长，他在努力地吮吸着文字的营养。他说："我跟他们说得不一样，我喜欢'水果们你挤我碰'。我觉得水果们忘记了被人类吃的疼痛，是一种奉献。"我惊讶极了！四处又响起掌声。有的孩子还说："于凯，今晚我的暮省日记一定写你。"

同伴们的智慧互相碰撞着、愉悦着，他们在字词里感受秋的色彩与味道。迟玉斌抓住了"味"字。他这样解释"藏"字：好像小朋友捉迷藏，很调皮，又很神秘，就更有趣味。王艺璇也自信地举手，她与"躲"字交上了朋友。她说："躲起来，才有趣，世界之前好像是空白的，一切都躲到秋雨里，一落到地面，立刻就变成五彩缤纷和各种味道的了。"我歪着脑袋，整个人被包围在灵感交织的五光十色的世界里。

我正沉浸在这两个孩子的妙语里，于凯又一次给大家惊喜。他说："老师，我发现，他们两个喜欢的两个动词'藏'和'躲'正好组成一个词语'躲藏'。"

我看着这个孩子，心想难道这是之前那个沉默的于凯吗？尊重孩子与引导孩子的力量究竟有多大？它可以解放孩子的思想，收获灵动的语言与精彩。

时间在我的笔尖曼妙地舞蹈，一张张"白蝴蝶"带着骄傲的红色蜕变着，第二单元终于全部看完。

孩子们看到分发到手里的试卷兴奋不已。自己的努力终于看得见、摸得着了。有的干脆亲吻着那张"纸蝴蝶"，两只胳膊也如翅膀一样快乐地上下扇动。孩子们，茉莉老师为你们的努力而骄傲！

### 激活家长

利用一节半课的时间，批阅完所有家长日记，并给优秀作业发了奖品。

翻开每一页，字里行间的赞赏、信任、感恩与感动让我不知所措，只感到责任之重。认真对待每一个孩子，就是在与每一个高贵的生命对话。在

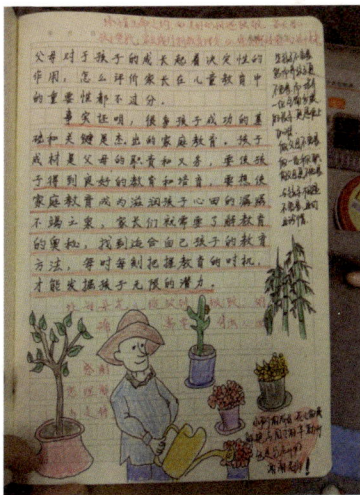

这样的对话中我再次提升了对孩子们和家长们的认识。师生之间、家长与老师之间已经建立起浓厚的情感关系，彼此懂得、彼此鼓励，致力于孩子的幸福成长，只为了同一个目标。

轻轻合上最后一本家长日记，接到了于王康爸爸的电话。于爸爸说："老师，我来拿孩子的试卷，更要拿家长日记。孩子生病，我已经落下好几次了，我得补上。"

我静静地坐在车里，看着对面的阿耶山，耳边回绕着那句"金老师，家长日记，我得补上"。多好的家长，多么急切地希望成长的家长。于王康更是让我牵挂，他让爸爸告诉我："茉莉老师，每次听到学校上课的铃声，我都会翻开语文课本，和老师一起上课，好像还在课堂里。"就是这样的新家长、新孩子，就是这样的新老师与新课堂，让我们的心彼此连接，成为真正的"茉莉一家人"。

## 7. 孩子，茉莉老师就在你身边

教育者的爱心是空气，是阳光，是土壤，是水源，是食粮……

### 那一眼

怎能忘记那一眼的触动。开学第一天，家长陪孩子们走在红地毯上，小小的你紧紧拉着爸爸的手，如同抓住全世界。我走上前，给每个孩子一个拥抱，而你怯怯地挣脱，虽然最后我执拗地拥你在胸前，却感觉到你挣脱的力量。我猜，你可能缺少安全感。

震惊……

这个孩子叫皓文。为了证实自己的猜测，我主动打电话给他的奶奶。一番了解，让我震惊！皓文爸爸竟是尿毒症患者。回忆他左手臂上那些奇怪的结节，原来是做透析时被反复扎针扎得变了形。皓文爸爸痛苦地说："透析时，会眼睁睁地看着病友衰竭离逝……"一个时刻与死亡擦肩的人，怎能不影响到孩子的内心成长啊！

深入了解

一个温暖的午后，我来到皓文家。我握住皓文奶奶那双沧桑的手，听老人家讲了皓文的懂事和善良，以及极度的敏感。半夜里，他常常会惊醒着喊叫"爸爸"。我不禁对这个小男孩更多了几分怜爱。老人家告诉我，院子里的石榴树结了很多石榴，皓文写完作业就站在树下瞅瞅，看哪个快熟了，给茉莉老师摘一个。

聊到家里的巨额医疗费，看到一张张借条，我流泪了。他们家的日子如山一样沉重。

给予力量

一定要让孩子和他的家人看到活下去的希望！

凌晨四点，我开始思索，究竟如何帮？找谁帮？

突然，我想到了王大鹏——《日照日报》的编辑部主任，以前到学校采访过我，他的职业情怀让我感动。能不能找他帮忙呢？窗外泛起了曙光，我推开窗户，凉爽的风便亲吻我的脸。深吸一口气，感觉通透了许多。

5:28，我给王大鹏主任发去了帮助这个家庭的微信留言。

几秒钟后，王主任回复："收到，孩子的确可怜，报社有个漂流瓶慈善活动，周一我问问他们。"

我一阵激动，满心期待。

**有爱同行**

一周后，王主任带领爱心人士一行6人如约而来，我们一起到了皓文的家。

他们带来了各种礼物。那个可爱的洋娃娃，被皓文抱着亲了又亲。

屋里，大家跟皓文爸爸聊着，鼓励他勇敢地生活，皓文爸爸谈吐不凡，我鼓励他有力气就写作，记录自己如何与病魔抗争以及与皓文之间的美好事情，让每一天都有意义。或许，奇迹就在每一段文字里诞生了呢！大家都赞许这个提议。皓文爸爸愉快而坚定地点着头。皓文奶奶别过身子偷偷擦了一把眼泪……

**美好愿望**

分别时，皓文突然说："要是有个带小锁的本子，我一个，爸爸一个，两个人都写，就我们俩能看到，多好啊。"边说边自个儿拍着手，我们一下子都停住了脚步。我强忍住眼泪，笑着走到皓文面前，俯下身子说："皓文，金老师下午就给你和爸爸买带小锁的本子。好吗？"孩子甜甜的笑如阳光，明明朗朗地感染了身边的每一个人。

之后的日子，皓文爸爸就用写作证明着自己的坚强。正是这种骨子里的倔强，让他承载着生命不可承受之重！我告诉他，学校里有我，家校合作，一起努力让皓文把知识学好。我还经常邀请他到班级里听课，让他亲眼看到孩子的优秀，让这样的幸福感增加他活下去的动力。

皓文一家幸福地生活着，皓文爸爸的日记已经写了不少。过年时，他发来短信："谢谢您，茉莉老师，是您给了我活下去的勇气。我们一家感恩您的爱，我会努力写作，认真生活，直到生命的终结。"

我回复他："春，来了。只要心怀美好，生命就没有终结。相信自己，相信爱会创造奇迹！"

## 8. 两个特别的孩子

今日事情太多，每一件都很精彩，突然不知如何下笔。但手指开始敲打键盘时，不知不觉竟然输入了"王浩宇""王盛锦"的名字。

这是两个懂得坚持的好孩子，做事都很执着。

王浩宇，很讨人喜欢：微卷的头发，健壮的身体，憨厚的样子，善良的心灵，在班级里有极好的人缘。每天早上，这个可爱的大男孩细心浇花，认真拖地，凡是安排给他的任务，他都完成得很好。他不知道身后有多少老师投来赞赏的目光，也不知道伙伴们轻轻走过，唯恐惊扰了那份执着。而茉莉老师则从你的埋头苦干里看到了自己的敬业精神。我们师生真的有许多相似之处。浩宇在感动着我，我也在影响着他。

还有盛锦。

这个小小的孩子，执着极了。就在我赞扬浩宇时，他在微群里上传自己的书写。至今，他已经坚持了数周，越写越好。他从不惧怕他人眼光，勇敢做自己。这样的精神一定要支持。所以，不管我多忙，我都要停下来，鼓励他一番。我说：懂得坚持的人一定会有美好的未来。

同时，我也在思考，如何更好地发挥盛锦与浩宇的主动性，在全班掀起"我为班级争荣誉""坚持一种好习惯"的学习活动呢？应该给这两个孩子一个演讲的机会，让伙伴们聆听他们的心声，同时也可反思自己负责的班级事务哪里做得不够好。应该如何改进，我想应该让其他孩子写出自己的工作计划，做一个认真的人、有责任心的人。

## 9. 把秋留住

周一繁忙到了极致，但心里不乱，一天仍然过得从从容容，有滋有味。

我们班同学的家长们很是了不起。对于我之前倡议的把秋留住——"用叶子做书签"，他们已经如火如荼地行动起来——周末时间都在与孩子制作书签。每当有伙伴把做好的书签图片发到群里，总能引起一阵轰动。他们制作的书签的精美程度绝不亚于市面上出售的成品。毫不夸张地说：我们的茉莉家长都是了不起

的民间艺术家，我们的孩子都是了
不起的小巧手。

　　婀娜的"旗袍书签"向我走
来，灿烂的京剧脸谱书签咿咿呀呀
地唱着近前，可爱的动物书签蹦着
跳着赶来，优雅的花草书签摇曳着
多情的花枝向我诉说秋的美丽……

　　尤其是凯程妈在灿黄的银杏叶上描绘的"梅兰竹菊"真是一
绝。我似乎闻到了季节的味道，听到了叶脉与笔尖的对话。

　　还有许多精美的书签，无法一一表述。就这样微笑着回忆，每
一个日子真的都被爱与美点亮了。

## 10. 仪式感的力量

　　几周的心血终于"出炉"了：工作人员把桌牌与胸牌送来
了。孩子们一直期待着。我也有些激动，如同看到老朋友一
样，亲切端详着。

　　让孩子们有仪式感已经成了一种习惯。班长庄欣睿虽然感冒
了，但他仍然坚持着把所有胸牌一一发给伙伴们，并给大家挂在
脖子上。每一个孩子都很虔诚，微微低头，等班长给戴上后自己
又用心整理，然后郑重地给班长鞠躬致谢。

　　我并没有刻意要求，但孩子们为什么这样做呢？因为心灵触
动，因为神圣的仪式感与强烈的责任感。特别是柴博文这个大高

个男孩，更是令我动容。他是第一个给班长敬礼的孩子，我虽然站在他的侧面，但已然感受到那份力量——来自心灵的真诚，波及每个纯真的世界。

其他孩子都静静地端坐着、看着，瞬间，他们好似长大了。是仪式感触动了孩子们的心灵。他们胸前挂着的不仅是一个名称，更是一种责任。我细细地分工，每个孩子都能找到自己的合适位置，更清楚今后的工作范畴和目标。他们学着思考工作策略，积极寻找解决问题的方法。比如，孙雪峰是我们的"庭长"，柴博文是"审判员"，张涵钰是"书记员"，以后班里的大小矛盾就要由这三人处理与解决。

如今我可以坐在"田埂"边欣赏这收获的田野，听听麦浪的歌声，品品清润的绿茶，找找心动的风景……

第五章

『萤火虫』书香读书会

## 1. 阅读，我在努力——"萤火虫"书香读书会

著名的新教育专家朱永新先生说："一个人的精神发育史就是他的阅读史；一个民族的精神境界取决于这个民族的阅读水平；一个没有阅读的学校永远不可能有真正的教育；一个书香充盈的城市才能成为美丽的精神家园。"

对于精神发育和生命成长，阅读无疑是一条通往幸福的重要通道。新教育把阅读视为一种最为基础的教学手段。

朱永新先生还说："好的书籍，就是一位最好的心理医生。在我们的校园里，有大量的阅读时间，有大批热爱阅读的孩子，校园的管理将变得容易，挠头的教学问题也会得以改善。教育教学中出现的许多问题，通过科学的阅读指导，孩子在与那些最美妙的故事和最美好的知识相遇后，会渐渐发生改变。"

但是在校外，如何让孩子们还保持阅读的激情与热情呢？如何让阅读继续引领孩子们美好的行为呢？我在思考，并自觉地开展了阅读行动——利用周末时光带孩子们到新华书店二楼的一个

固定空间，共读一本书。

这项活动，不仅一点点激发了孩子们的读书热情，也得到家长们的肯定与支持。他们不仅每期都来，还与孩子们一起回答问题。那种浓浓的读书氛围让我倍感欣慰。

一位记者朋友为我们的读书会做了零距离报道，在他的笔下，"为了让更多的孩子爱上阅读，带着孩子们走在大师的心灵里，站在巨人的思想上成长，美丽的'萤火虫'书香读书会就这样诞生了。它不张扬，很用心舒展每一次飞行的翅膀，备足了每一次远行的知识营养，带着一颗执着的心，一点点引领小伙伴们飞向明亮那方。"

从第一期的欣喜启程，到第二期、第三期的渐行渐远，身后的"小萤火虫"渐渐多起来了。我精心备着每一次课，认真品着每一本书，用智慧启发每一个孩童，专情推广萤火虫读书会的点点光亮，用心发现读书旅程的美妙，把一个个不敢说话、不爱阅读的孩子引向书香萤火的天地。在读书会上，有智慧的碰撞，有思想的交流，有精神的飞扬，有自信的生长。

彼此未必相识，却共同拥有一个好友——名著。故事里的主人公在我的讲解下，都成了孩子们的朋友。我引领孩子们与各个人物一起欢笑、一起哭泣，让孩子们真切地感受到了"同呼吸、共命运"的融情之美、文笔之美，也品尝到了表达之畅、想象之阔。

如今，小小的萤火之光已经照亮了前方，这里渐渐汇聚了越来越多的"小书虫"。每个周日的下午两点，成了众多孩子的期盼。这是一种美丽而庄重的仪式。因为，"向着明亮那方"就要唱响；因为，一瓣书香就要开启；因为，一群有共同心灵节奏的爱书人正在守候"茉莉老师萤火书香时光"。在那里，有温情与鼓励，有期待与精彩，更有自信与额外的奖赏。

正如雨果所说："阅读的需要好像一堆火药，一旦点燃起来，便再也不可收拾。"

## 2. 感受经典

今天有些冷，但飞行的脚步依然美丽而执着。小小萤火中，提着小小灯笼，温润地飞过丛林，飞越了《鲁滨逊的绝望岛》，飞到了第七个驿站。不管在哪个港湾停靠，浪花般的智慧都能生发出灵感，碰撞出激情与活力。

这里看似平静，其实暗藏着各种历险。我们时而是"小布头"，时而又变成"三毛"；时而航行大海，荒岛求生；时而跟着爱丽丝在地下探奇。

今天让孩子们过足了"演员"的瘾。在读书环节，我设置了两处分角色朗读活动。孩子们参与到语境中，感受主人公的旅行历程，从而让人物的思想渗透到读者心中，内化于心，外现于形。看到孩子们沉浸在故事里，与主人公一起经历着奇妙的旅行，我感受到了引领的价值和当下的意义。

孩子们被卡罗尔的文字牵引着，如同着了魔，与爱丽丝一起掉进"兔子洞",在"时而变大,时而变小"中感受想象的神奇,在人物的描写中体会主人公的勇敢、乐观、纯真与善良。危急时刻,劝导爱丽丝的不是别人,正是她自己。她很严厉地批评自己——"立刻停止哭泣,积极寻找解决问题的办法",这对于孩子们是很好的教育——自立、智慧、勇敢。拯救自己也是一种职责,是对生命的负责。

疯狂的午茶会、爱睡觉的榛睡鼠、神秘的柴郡猫、坐在大蘑菇上吸着水烟袋的毛毛虫、怪诞的王后槌球赛、鲁莽无知的公爵夫人,还有那位兔子先生,每个动物身上都有现实中人的影子,比如,自以为是的人、独裁者、小职员形象,都活跃在扑克牌王国里。孩子们对红心王后的角色很感兴趣。我也侧重讲解了这一点,学会抓住人物特点来研究与描述,让角色入心,让生命有光彩——要善良就尽情发光;要丑陋就张牙舞爪。

我挑选了两处描写红心王后脾气暴躁、愤怒无比的句子,让孩子们品读、表演。孩子们兴致盎然,表演得很有感染力,霸道的语气、神态,真是把一个独裁者的形象演活了。

而对于假海龟的遭遇,孩子们怀着善意,感受它的孤独。与爱丽丝一起"深深地看着它的背影",难过极了。我对作者充满敬佩之情,他怀有一颗童心,更有一种幽默感,才能写出让全世界孩子都津津乐道的奇幻故事。卡罗尔在无数孩童心中播撒下善良的种子,也把丰富的想象、智慧的幽默种植在孩子的心田。

感恩所有写出经典作品的大师们,为我们的孩子创作美、展示美、引导美。作为阅读践行者，我唯一能做的就是挤出时间，陪孩子们遨游其中。

在读书会的最后，孩子们畅所欲言，也学着作者的"腔调"，幽默地说："老师，我现在就是'榛睡鼠'了。"

孩子们表达了自己的美好愿望，甚至想让自己在梦里变成著作中的各种人物。可见，孩子们对奇幻故事的热爱有多深，对探奇的兴趣有多浓。他们不正是一群善良、纯真的爱丽丝吗？

### 3. 爱是特殊的味道

三八节的读书特辑，值得回忆。以至于在未来的岁月，我都会时时拿出它在细碎的阳光里品味。

温润的下午时光，朗读主题是——爱。此次读书会，由之前的"我来讲，大家听"，改为"我来听，你来读"。让家长与孩子们站在舞台中央，成为真正的朗读者。

今天参与"茉莉班"朗读者的家长是邢家宁妈妈、代依宸妈妈、王艺璇妈妈、王紫诺妈妈以及王浩宇妈妈。

家长们之前都做足了功课，与孩子一起选择朗读材料，反复练习。孩子们更是利用午休时间，给妈妈们制作了"三八节手抄报"。在朗读前，我特意让孩子们展示了自己的那份爱，与会妈妈们则是感怀万千。

艺璇妈妈动情地站起来，与孩子们一起分享女儿给予她的爱——您陪我和弟弟慢慢长大，我们也会陪您慢慢变老。掌声四起，热烈而持久，孩子们都被艺璇和妈妈深浓的母女爱感染着、感动着。

"朗读者"就在这样温暖而感人的氛围中开启了。

首先上场的"朗读者"是家宁和妈妈。他们分享的是著名漫画《父与子》的精彩片段，画面变成故事，娓娓道来。孩子们则踊跃参与问答。我聘请家宁妈妈为"茉莉班妙人妙语"记录员。把孩子们精彩的回答一一记录在本子上。如此，孩子们得到了激励，聆听更认真了，思维也更敏捷了，以至于妙语连珠，整个阅览室简直成了智慧和思想舞蹈的海洋。

依宸与妈妈是最感人的朗读者，她们互相依偎，用爱朗读，用情演绎，真正让孩子们感受到了大爱无边、大爱无言。有些孩子发表的感言，更是让我震撼。如战贝妮所言"爱可以忽略一切"；王浩宇"爱是暖心，爱是无边"；李子轩"爱是心灵的传递"……孩子们的心是透亮的，凡是纯真的感情都会在他们清澈的心湖里投下可爱的、美丽的影子，那就是圣洁的灵魂的模样。

紫诺与妈妈分享的《米小圈上学记》，更是引起了孩子们的笑声与沉思。妈妈的爱是那样浓，孩子对妈妈的依恋是那样深，相同的年纪总会有心灵的触碰，孩子们的掌声是一种理解，是对妈妈不无歉疚的爱。

艺璇与妈妈的朗读也深深印在孩子们心里。

浩宇与妈妈分享的是《每个人都有别人羡慕不已的东西》。文章很长，但孩子们竟然能听得进去这样有哲理性的文字，而且还热情地表达个人看法，极其了不起。比如，王廉升所言"信任"、陈俊宇所言"金无足赤，人无完人"。还有很多励志词语，如自爱、勇敢、坚强、知足、不抱怨、努力、积极……

真是一群了不起的孩子，一群有智慧和有书香气息的"朗读者"。

朗读者，又一次开启了孩子们心灵沟通的大门，如同一束阳光，热烈地投射在心灵的沃野。那里，书香弥漫，鲜花盛开……

### 4. 开启智慧的钥匙

我们在《向着明亮那方》的歌曲里走进"萤火虫第八期书香阅读"之旅。

今天分享的是马克·吐温的《汤姆·索亚历险记》。每一次走进名人名著，我们的心都会被打开一扇神奇的窗，多彩的阳光透进来，滋养了孩子们的心田。今天的汤姆·索亚又带给我们许多思考，大人们眼里的"坏孩子"——汤姆·索亚，却是一个真正的勇士和侠士：替小女生承担失误，站出来揭发印第安·乔的罪行，关键时候总能关心与鼓励别人，面对恶魔不放弃抗争，依然捍卫生命的尊严。

汤姆·索亚在孩子们眼里如英雄一般。在读书分享会上，孩子们谈出了自己的收获，表达了对汤姆的喜爱之情。

孩子们也在波利姨妈身上看到了"妈妈"的影子——唠叨但爱意满满。正如杨凯程激动地喊道："波利姨妈脾气大，都是为了我们好。"是的，这就是她深受大家喜欢的原因。在刘美林同学的心里，姨妈善良极了；王志铭称赞姨妈"富有责任心"。孩子们都被作者夸张的手法逗得捧腹大笑。"不见其人，先闻其声"的写作手法是那样真实而富有情趣，一句紧似一句的呼喊声，让我们一下子感受到了一个"可以上天入地、上房揭瓦"的调皮蛋的形象在字里行间跑动着，而波利姨妈的肥胖更是显得可爱和温暖。作者用生动的文笔勾勒出那个"气喘吁吁"，被折腾得特别繁忙的姨妈。即使如此，她仍然无比热爱着汤姆，那是浓浓的亲情。

汤姆玩的名堂特别多。正因如此，孩子们才会走近他、爱上他，为之担心受惊，为之自豪不已，为之牵肠挂肚，为之呼喊点赞。

汤姆已经深入孩子们内心。他的勇敢、善良与正直，必然会影响到读书会的孩子们。

改变，就是这样一点一点开始的。

### 5. 夏洛的网

据说：世界上优秀的人分成两部分，一部分是读过《夏洛的网》的，另一部分是正准备读《夏洛的网》的。今天我与孩子们分享的正是此书，被誉为"二十世纪读者最多、最受爱戴的童话"之一。作者是美国作家埃尔文·布鲁克斯·怀特。

《夏洛的网》讲述了一只落脚猪（指又小又弱、发育不良的猪）的出生引出了一系列爱的故事。故事中，面对生命的尊严，成年人的做法在孩子面前显得那么卑微。

"可是，这不公平，"弗恩叫道，"小猪生下来小，它自己也没有办法，对不对？要是我生下来的时候很小很小，你也把我给杀了吗？"我和孩子们大声读着弗恩说的话，所有人都感受到了捍卫生命的呐喊，每个孩子此时都成了"弱小"但强大的弗恩。

生命是平等的，不管是动物还是人，也不管你是健康的还是孱弱的，只要他的心脏还在跳动，我们任何人都没有权利随意丢弃他们。

由此我想到社会上某种不人道的行为——因为各种原因遗弃自己的孩子。这些被遗弃孩子的父母，在弗恩面前是多么渺小。他们真的应该读一读"夏洛"，知道这只小小的蜘蛛是如何用行动诠释爱与责任。可以说，夏洛就是爱与智慧的化身，睿智而善良，正是我们这个社会最需要的人——只知奉献，不求回报，为了朋友的生存，倾尽所有智慧与体力。

在故事中，我和孩子们还看到夏洛了不起的团队精神——为了起一个重要的名字，她征求了谷仓里所有伙伴的意见。达成最终决议后，夏洛积极动员小老鼠去垃圾场搜集"了不起"的字样。她在织网时"废寝忘食"，到了痴迷的境界，这完全是责任的驱使。

夏洛从"王牌猪""了不起"到"光彩照人""谦卑"，都是为了成就一个更好的"小猪"。最让人感动的是夏洛的良苦用心。为了避免威尔伯过度骄傲而导致前功尽弃，她在最后选择了"谦卑"一词，让"猪"的形象上升到思想境界，从而更加让"人"信服这的确是一头"王牌猪"。夏洛用全部智慧为威尔伯缔造了完美形象，使他彻底脱离了"熏肉火腿"的厄运。

威尔伯被朋友的诚心感动得不知如何是好。但夏洛的回答道出了人生真谛——如何让人生更有意义。她说："你一直是我的朋友，这件事本身就是一件了不起的事。我为你结网，因为我喜欢你。再说，生命到底是什么啊？我们出生，我们活上一阵子，我们死去。一只蜘蛛，一生只忙着捕捉和吃苍蝇是毫无意义的，通过帮助你，也许可以提升一点我生命的价值。谁都知道活着该做一点有意义的事情。"

孩子们若有所思地读着。此时，我问："茉莉老师正在做的有意义的事情是什么呢？"

孩子们不假思索地说："让我们爱上读书。"

我笑了，我真是幸福，因为有一群懂我的孩子们。这就是人生的意义。人总归要为社会做些什么。我又问："孩子们，谁是你的'夏洛'，你又是谁的'夏洛'呢？"

孩子们举了例子，有时是伙伴帮助了自己，伙伴就是他的夏洛；有时是自己帮助了伙伴，自己就是伙伴的夏洛。

我又笑了，为这些小小的孩子称赞："是的，我们是别人的'夏洛'，别人也是我们的'夏洛'。亲爱的孩子们，愿我们每个人都是彼此的夏洛，好吗？"

　　美好的读书时间，就这样在"夏洛"的爱中走上新的旅程。威尔伯还在继续生活，"夏洛"的孩子们也在一代一代地陪威尔伯老去。但无论如何，威尔伯都不会忘记夏洛——既是忠实朋友，又是写作高手，无人能替代。

　　我为威尔伯与夏洛的友谊深深感动。现实生活中，如果我们都彼此真诚，放下隔阂，为了友谊成为彼此的夏洛，该是多么美好的事情。

第六章

每个生命都独一无二

## 1. 怪脾气的郑泽旭

你可真怪！手里永远有"活"，永远在忙，忙得全世界只剩下你自己在创造，那样专注而孤独的"忙"，还真是少见。

但你究竟忙了些什么呢？有时是研究一片废纸；有时是一块完整的橡皮，之后便"惨不忍睹"，本是平滑的表面布满细密的孔洞，那可是铅笔尖一点一点插出来的，很均匀。有时还有造型，比如，一只飞翔的小鸟、一个笑脸等。有时，你边玩边自言自语，提醒你多次，你也仅是暂停几秒，之后又投入地"工作"起来。我曾经无数次把你手里的东西收到讲桌上，并告诉你，完成作业后才可以拿。于是，你神速完成，但字"不堪入目"；让你重写，你就要大声哭起来。

你暴怒，边哭边愤怒地捶着桌子，明明手已经震痛了，但还是执拗地继续。你的哭声盖过了所有的声音，伙伴们都不敢靠近你。时间久了，大家也习惯了你的"怪异"，你哭你的，他们玩他们的。直到你觉得周围冷清极了，就收了声音，变成啜泣，渐渐悄无声息。

我把你叫到教室，你捂着肚子，我问是饿了还是哭累了？你答：是没吃早饭。我给了你面包，你接过去就吃。吃得很香，可称得上"狼吞虎咽"了。等你吃完，我再问字写得不好，因为什么？这一次你手里没有"活"，注意力集中了，回答得自然就快了。

"茉莉老师，是饿的。"

我故意说："手里玩东西就不饿了吗？怎么一开始写字就饿呢？"你不争辩了，低下了头。我认真地讲，"你应该向谁道歉呢？"你立刻回答："茉莉老师。"

"不，还有你的课桌。你想想，它对你帮助多大呀！它帮你放胳膊，你在它身上写作业；它帮你盛书包，放书本；你累了，还可以趴在上面休息。它这样好，你应该怎么对它呢？"

"保护它。"你低低地说。

"但你刚才欺负了它，你的课桌委屈极了，你不停地捶打它，茉莉老师都听到它在喊疼，疼得都哭了。"

你忍不住又哭起来，但是后悔的哭，"茉莉老师，我错了，我要对书桌说'对不起'。"

我拍了拍你的肩膀，记住：要好好学习，认真写字，才是真正的对书桌好。

后来，你不仅再也没有敲打过书桌，还时时提醒别的小伙伴："茉莉老师说了，要爱书桌，就是要好好写字，好好读书。"

　　谁说你没有朋友？自从你改变以后，姜浩宇就成了你的朋友，还有周围的小伙伴们，都是你的朋友呢。是爱，让你变得越来越好。我们在爱中成长，也在成长中学会了爱。郑泽旭，如今，你可懂了？

## 2. 悄然改变的杨紫钰

　　杨紫钰，原以为一定是一个乖巧伶俐、温婉可人的女孩。于是准备了满满的美妙词语，再看资料，赫然写着——男！怎么会起这样一个名字？

　　短短两天，你让我见识到了什么是"坐着难受，躺着腰疼，站着喊累"啊！整个一"小面条"！最难改的是，你竟然总是咂手指头，好像指尖总有吃不完的蜜。提醒你几次，不奏效，便不再告知，而是直接把你叫到办公室。你的语言，更令我愕然！

　　"来，到老师办公室。"

　　"干吗？有事？"

　　我一愣，这样滑的腔调竟是从一个7岁孩子的嘴里发出来的。

　　"谈谈你咂手指头的事情。"

　　你叹了口气，无奈地说："好吧！"完全是一副饱经世事的小大人。

　　"老师，开始吧！"我又一次惊奇。怎么那么"悲壮和从容"呢？小家伙，等着瞧，让你傲气。

　　我不动声色，打开浏览器，输入"细菌的样子"。

立刻，各色细菌霸气登场，有的凶神恶煞，有的张牙舞爪，有的怪异无比，有的疯狂肆意……

顿时，你瞪大了眼睛，伸着脖子，一个个可怕的细菌卡通模样着实吓到了你。

"你的身体里，已经有许多这样的细菌。"我静静地说。你突然害怕起来，嘴巴紧紧抿着，小眉头紧皱。

"是啊！信你了！"这就是你，一个一年级新生说的话。"我得走了。"说完，你傲然离开。

没想到你还有如此强的意志力，之后的日子，再也没吃过手指头。这一点是一般孩子所不能比的。茉莉老师不禁要给你点赞了。

吃手指头的"陋习"改了，但你的学习习惯和日常行为也是令我哭笑不得。

你经常不带作业，听课永远是"玩世不恭"的姿态，极不喜欢待在教室里学习，常常是同桌把你从睡梦中叫醒。让你晚上早点睡觉，但效果也不大。后来，我发现你下课特爱跑，于是，我就陪着你跑步，直到累得气喘，这样的陪伴有了效果，而且，你渐渐有了精神。运动，激发了你的上进心，在奔跑中你找到了在前面领跑的自豪。

茉莉老师还发现你在偷偷佩服丁子阳。当丁子阳回答问题时，你开心而羡慕地歪着脑袋看他；当丁子阳写字被赞时，你下课偷偷翻看他的作业……这一切都说明你是有上进心的，只是缺少榜样引领。于是，丁子阳就成了你的"小老师"。这个优秀的男孩子陪你读书、写字、谈心，特别是当你进步时，他还表扬你。

你的变化是悄然而美丽的：字，端正了；坐姿，有精神了；走路，不懒散了；说话，文明了。我必须让大家看到你的努力！所以，你当上了"值日班长"。你喊口令、整队、带操、课下监督，样样做得好，学习成绩自然提高得令人欣喜。从你的身上，我看到了信任的力量。它能催人奋进，给人精神，予人能量。

我相信，你会遇见更好的自己，只要你努力！

### 3. 博学的马启智

可爱的马启智，一年了，你不仅个子长高了，体重也是居高不下，若论知识储量，你也居班级之首。

我每堂课都很期待与你的智慧碰撞。每每有拓展的问题，你的答案总是最及时、最正确。

我们学到"月"字，你就站起来讲："月亮自己不会发光，那是太阳给它的，它是反射了太阳的光。月亮上也没有嫦娥……"学到"日"字，你又是第一个抢着回答："以前有十个太阳，后来，被后羿射下来九个……"小伙伴们热烈的掌声是对你的崇拜啊。

你不仅天文知识丰富，还酷爱探究动物世界。课下，男孩子们总爱围在你身边，问这问那，我远远地只看见人群中你那双胖乎乎的小手在表演，说到得意处，你一定会扭动身子来模拟，周围就响起一片笑声。

你是伙伴们心目中的"小博士"。我故作惊讶地问你："怎么懂得这么多！"你自豪地回答："妈妈常常陪我读书。"你让伙伴们懂得，读书是多么重要，可以揭开一个个谜，可以当别人的小老师，可以赢得大家的尊重。

于是，我在开学之初就成立了"小毛虫"阅读会。每人必须随身带一本课外书，只要你完成语文作业，随时可以在课堂上看。而且，我们还有"图书漂流"活动，每周每组按顺序带书，每人带5本，在班级里传阅。这些阅读的力量，马启智，有你的一份哦。

为了激励大家阅读，茉莉老师还设计了"小书虫"卡片，只要你读书认真，能把故事创编成图文并茂的小故事，每个月达到10篇，就可以获得精美的"小书虫"阅读卡。

这下，你的读书热情更高了，每天除了完成作业，剩下的时间全在阅读。但时间一久，问题出来了：你的体重增加了。这绝对不行！阅读只是成长丰盈的一部分，生命里哪能缺少劳动？

你的妈妈说，你在家里是很不爱劳动的。

在我们茉莉班，不爱劳动是非常丢脸的。我们的班级事务是"人人有事干，事事有人管"，每人都在"抢事"做。为此，老师还给你们打印了彩色的墙贴，设计了精美的文字。比如，书柜小管家×××，垃圾桶小管家××，前门小卫士×××，墙壁小管家×××，等等。

　　每天一下课，大家就自觉到自己的管理区域，认真打扫。而你就是我们班的"劳动部长"，全员负责各个小管家的劳动。另外，你还是"拖把"小管家。每天，大家都能看到你忙碌的身影，指挥、检查、拖地，拖地、检查、指挥。你再也不抵触劳动，而是爱上了劳动，因为你从中感受到了劳动的快乐。

　　劳动让你赢得了很多称赞与心贴心的伙伴。每次给你布置任务，你都会如战士一样，两腿用力站直，右手臂绷直，边敬礼边大声说："Yes，Sir！"然后留给我胖胖的小身影。我知道你又去布置任务了。

　　一个人要战胜自己的懒惰是很困难的，但你可以做到。茉莉老师希望你能继续保持阅读，丰富知识，让阅读滋养心灵，同时让劳动习惯健美身心。

### 4. 超可爱的王记烽

　　的的确确，你是超可爱的，乌溜溜的黑眼珠总在快速转动，班里一切的人和事都逃不过你的小眼睛。伙伴们叫你"火眼金睛"，而我把你看作我的眼。

　　我们班里排演十二生肖童话剧，"小猴儿"的角色，伙伴们一致推选你为候选演员。你的机警超乎我的想象，所有人的反应都比你慢半拍。有了你，班级里少了许多隐患，而我多了几分轻松。

　　"茉莉老师，爸爸看预报说今晚有大风。"我马上懂了，你在提醒我，放学时要关好窗户。

只要你出现在办公室，我就知道有小情况发生。

"茉莉老师，李梦妮被大年级的孩子撞倒了。那个人没道歉，跑了。李梦妮哭了。"你从来不说"您去看看吧！"但你就是来引领茉莉老师"去看看，去解决问题的"。

你的话语从来都很简洁，但很完整和清晰。你发现大孩子没道歉，言外之意，他没礼貌；他跑了，说明大孩子不负责任，当了"逃兵"；梦妮哭了，说明你很心疼伙伴。这是多么有情怀的孩子啊！

丁子阳生病，是你发现的。

第三节课间，你跑过来极其担心地说："茉莉老师，我看到丁子阳一下课就趴在桌子上不动弹，好像在打盹儿，不知道怎么了。"我赶紧跟着你来到丁子阳身边，果然，一张小脸有些发白，平日里的活泼不见了，连眼皮也懒得动一动。摸摸额头，并不发烧。但从外表看，子阳的确是不舒服的样子。我问他，是否给爸爸打电话回家？但子阳摇了摇头，坚持到放学。

下午，他的双胞胎姐姐子丹告诉我，弟弟住院了。我很惊讶，一是佩服王记烽敏锐的观察力，二是奇怪子阳没有发烧症状，怎么就住了院。经过了解才知道，子阳昨晚被一个怪虫子咬了，毒素在下午开始发作了。

我特别表扬了你，让伙伴们把掌声送给你，并在家长会上讲述了你的故事，所有家长都给你赞扬。

这就是你，一个精灵似的男孩，无论何时，一丁点儿事情都逃不过你的眼睛，永远那样淡定地说："茉莉老师，我看到……"

谢谢你，王记烽，你就是我的眼睛，永远闪亮在我心间。

### 5. 沉静的郑文雪

你如你的名字，沉静如雪，白皙的皮肤，大大的眼睛里盛满了秋江的水。茉莉老师从未见你发过脾气，也从未听你大声笑过。你从来都是淡淡的样子。

一开始，是你沉静如雪的美吸引了我。后来，你纯净的品质让我欢喜。

起初，你学习有些吃力，小眉头总是皱着的。但老师希望看到你开心的样子，所以不断地想办法帮助你。比如，课堂多提问你，课下与你复习拼音、生字，如果我没有时间，就让周围的伙伴帮你。

奇怪的是，不管你怎样努力，都很难记住那些拼音和生字。对此，你似乎怀有深深的自责，总觉得让大家帮你，很过意不去，所以眼神里不时闪现出歉疚。

你是那样善良的女孩子。于是，你默默为班级打扫卫生，一声不吭地为伙伴收拾书桌、为老师擦净讲桌，来表达感激之情。我常常安静地看着你这样做，心里涌出感动。

课间，校车还没来时，你总会到我身边，矜持而又认真地请求："茉莉老师，我想帮你。""哦，你还没走吗？老师好像没有什么可以让你做的了。"我不假思索地讲出来，你显然很失望，也很难为情，但还是执拗地站着不动。我忽然意识到自己的粗心：拒绝你的请求，就是伤害了你的善良啊。你是那样爱老师，那样想为我做点什么，我怎能轻易说没有呢？于是我赶紧指着并不算杂乱的讲桌说："那就帮老师整理一下书本，好吗？"

瞬间，你比阳光还灿烂，激动地投入到"工作"中。你把最上面的那一本书拿起来，转过身，轻轻吹了几下。这个细节真让我惊讶极了。之后，你又把大开本的放在下面，偶尔有卷角的书页，你都让它舒展开。每一本书都好似宝贝，你轻轻地拿、轻轻地放，当成了有生命的朋友。

既然你这样爱书，那就让书来帮助你进步吧。你是个极其细心的女孩，又比较敏感，所以，我在给你选择"小老师"时就要慎重。

终于，我发现魏韩这个女生最合适。果然，温婉善良的魏韩不负我望，与你相处得极好，细心、耐心，对你的每一点进步都及时给予鼓励。你们互相欣赏，几乎形影不离。就是这样的陪伴，让你的知识渐渐丰富和扎实起来，考试成绩自然一路攀升。我奖励了魏韩，你也特别开心，终于露出了久违的笑容。两个小女生的手紧紧扣在一起，暗暗地为将来一起努力！

"茉莉老师，我想帮你。"哦，郑文雪，你又来了。

"好的，那就帮我给这盆茉莉花浇一点水，可以吗？"

你又一次开心地投入"工作"了。我望着你虔诚的样子，幸福极了。

## 6. 慢成长的卞庆航

孩子的成长总是牵动着大人的心。这个焦躁的六月，热浪里裹着中考、高考的冲击，更令家长们心情焦灼。

卞庆航，你知道吗？你妈妈打电话给茉莉老师，她一面忧心你姐姐的中考，一面焦心你的"慢成长"。给你妈妈讲了咱们班栽的那棵成长树——芙蓉树。当所有的植物蓬蓬勃勃惊艳这个世界时，我们的小树却一直处于"冬眠"状态：枝干，也不绿，也不发芽。在整个小花园里，它显得那样瘦弱，以至于我以为它已经死去，一连几周都没有去看它。孩子们也是由原来的热情高涨到失望透顶，我本想刨了重新栽种，但我惊喜地发现，它长出了第一枝嫩芽，柔嫩极了，我欣喜地跑到班里，让你们一起出来看，大家围着小树鼓起了掌。此时，我在内心批评自己不耐心，任何生命的成长过程不同，有的快些，有的慢些，不是它不努力，它只是在积攒成长的力量。我又说：卞庆航就像这一棵小芙蓉树，一旦开始成长，便会生机蓬勃，而且会开出最美的花朵。让我们一起期待。

你妈妈听了，开心地笑出声来。现在，让我和你一起来回忆妈妈与你约会课堂的每个日子吧！

每个周一，你妈妈都要来教室听课。整整一年了，她极其珍惜与你共同成长的时光，而且每次都要回家写课堂日记。她的做法也常常激励着我的写作热情。你妈妈很了不起！看到课堂上你读书不如他人，你回答问题嘴巴总跟不上脑子，坐在后面妈妈很是焦心，但她还是认真对待你的缺点，并与我一起商议如何解决这些问题。

你很努力，但效果甚微。可老师依然鼓励你妈妈，要坚信你会越来越好。后来，你妈妈调整了心态，她总能适时发现你的点滴进步，常常在下课时跟我交流："茉莉老师，这堂课我们家卞庆航回答对问题了。我好开心呀！""茉莉老师，卞庆航最近读书声音大了。读完了，还主动给我讲一讲。还有啊，他开始写话了。还写得挺好。"

从妈妈的眼神里、话语里那样真切地流露着对你的爱，我很感动，也替你庆幸有这样坚信你的妈妈。她不就是你成长路上最忠实的粉丝吗？哪怕风雨再大，都不会动摇她对你的信心。

渐渐地，你真的越来越好。在班级群里，你妈妈把你晨起早读的小视频与照片传给大家，我们一起给你点赞。群里的叔叔阿姨给了你最真挚的鼓励，伙伴们也开始行动起来，早读、午读、夜读，读得热闹，很多孩子都在诵读中成长着、变化着。

这一切都是你和你的妈妈在积极引领。你的妈妈是最棒的。她无比宽容、无比坚忍、无比善良、无比优雅，我为你有这样的妈妈感到自豪，也为我多年来遇到这样执着的家长而骄傲！

时间过得好快，转眼就是一年，我们都在彼此鼓励中成长。卞庆航，祝愿你假日愉快，成长精彩。

## 7. 调皮的郑傲

每次提起你，茉莉老师都会皱一下眉头。因为，你时常乐此不疲地给伙伴们制造点小麻烦。

孩子，你从小恶作剧里得到了快乐，但茉莉老师随后会接到许多家长打来的电话。谈心，是经常的，你答应的速度极快，可随后就忘。你的手和脚每天不做点出格的事，这一天对你好像就白过了。

你的妈妈气得说"不要你了"，伙伴们躲得远远的。有几个女生还自发地组织起来，恨恨地说："谁也不许和郑傲说话！"以此来抗议你的行为。

看到这一群小女生，我哭笑不得，只能耐心地劝她们去找找你的优点。

我把你叫到她们身边，听听女孩们对你的评价。一开始，没有人说你的优点，但韩金歌是个可爱的女孩，特别懂得包容别人。

她主动地说："郑傲读课文声音很大，而且还主动帮助茉莉老师拿东西。"我赶紧说："是的，韩金歌观察得真仔细。"随后王慧说："我也看见了，每次都是郑傲跑出去，抢过茉莉老师的包。"

女孩子们开始努力回想你的优点，比如：你的力气大，拖地很认真；垃圾桶管理得好。的确，你这个垃圾桶管理员很尽责。我看见你抿着嘴笑了。我说："郑傲，得到别人的夸奖是什么感觉呢？"你立刻大声有力地回应："开心！"

但是，找着找着，女孩子们又开始寻找你的缺点了。

"茉莉老师，他总爱踢人，他踢过我的屁股，还跑到我身边吓唬我。"李梦妮在"控诉"。看来，你伤害到她了。

"茉莉老师，他经常到垃圾桶里翻东西。有时候找出别人剩下的辣皮还会吃。""就是，多脏啊！会得病的。茉莉老师不让我们吃那些垃圾食品呢！"女孩子们七嘴八舌，把你说得羞红了脸。

"茉莉老师，郑傲还跑到音乐教室，乱敲架子鼓。"王慧愤愤地说，"特别丢茉莉班的脸。"说完，噘着嘴，生气地瞟了你一眼。我用手弹了你一下，问："是真的吗？"你一听就低下了头。

"畅所欲言"大会刚刚结束，本想你会认识到自己的错误，但很快你又有了"新故事"。不到两天，你又把班级的橱柜用力"坐碎"，我特别生气；第二天，你又给马启智的鞋子灌进了水，害得他赤脚站在地板上。我让马启智站到垫子上。恰巧这节课里有"把字句"的转换，于是，我就巧妙地用语文知识教育了你。之后，我还写了一篇博文——"我用把字句批评学生"，写的就是你呀！

## 8. 爱睡觉的徐政辉

你给我的印象是重磅的哦。胖胖的身体，走路时两腿很难有缝隙，别人跑步，你最多是跟着走，连快走都算不上。可爱的"肉肉"到处堆积：腮上、脖子上、手背上、大腿上，稍一运动就浑身"荡漾"。

多次关注你的饮食，但你总是控制不住嘴巴。伙伴们常常从你桌洞里找出许多"美食"。我们不断探索你的桌洞，不断有收获。通过这样的清理斗争，终于控制住了你买零食的坏毛病。有一次，你还是忍不住跑到角落里吃零食，被我的"小侦察兵"捉到，并浩浩荡荡地把你"押送"回来。你滴溜溜转动着那双小眼睛，快速扫描我的表情，以便判断你的过错有多严重。我在心里已经被你"气笑了"。

因为贪吃，所以贪睡。你把老师的讲课当作了"催眠曲"，当我注意到你时，你已经在流着口水"梦游世界"了。同桌推推你，你却哼哼唧唧地换了个姿势接着做梦，再推推你，你惺忪而气恼地抬起头来，当看到我严厉的眼神时，才惊醒了你这个梦中人。

我必须想办法赶走你身体里的瞌睡虫，所以，新的"斗争"又来了。我除了把课讲得更加生动，还要时常提问你、提醒你、鼓励你；让你的同桌"管制"你。时间久了，你的瞌睡虫渐渐没了精神，到最后，它就"偃旗息鼓"。我们与你嗜睡的"斗争"取得了决定性的胜利。因为这关系到你的学习和成长啊。

后来，你从不及格渐渐到了Ｂ级；再努力，又到了Ａ级。伙伴们给你掌声。因为你的努力，你又被大家推选为"值日班长"。你喊的"起立"好响亮，同学们都被你震撼了，由衷地配合你。自豪感在每一处"抖动"的小肉肉里跳着舞。

徐政辉，茉莉老师真为你开心，当你读着课文里的句子"只有自己种，才有吃不完的菜""你也要学会生活的本领，做一只真正的狮子"时，我发现，你真的读懂了，你笑了，我也笑了……

## 9. 淘气的刘加胜

茉莉老师该如何形容你的调皮呢？我对你恼不得，气不得。因为，你对我太好了！

先说说你的调皮吧。

你的脸上整日"彩云朵朵"。我经常问："刘加胜，洗脸了吗？"你常常摸摸后脑勺，然后乖乖地仰起脸说："洗过了。"再问："什么时候洗的？"你费劲地思考，后给我一个答案："记不得了。很多天。"直到我买了香皂，找同学"押"着你去洗脸，才发现你是多么白皙的一个男孩子啊！

你的凳子经常形同虚设，好好坐着就是受罪，站着上课最惬意。而且，你举手从不按常规来，一定要倾其所有力气且斜着身子高高举起，以至于右边的小肚子常常暴露在外。我时常想打断你无数次的举手和无节制的发言，但又把话咽下去。因为，你的小脑袋瓜的确灵活得很，那些奇怪、有趣又正确的答案，如同滑滑的小泥鳅从思想的孔洞里"滑"出，令我欲言又止，所以就任你发挥吧！

你的坐姿简直绝了。看你时，你就快速抽出右屁股下的腿坐好。再看你时，你就用那不平凡的脚力，随便往后一勾，脚尖恰到好处地抵在一根横杆上，顺势往前一拉，凳子就在屁股之下，整个过程不超过两秒。这，非一日之功啊！

你是绝对不会坐很久的，几秒一个姿势，或半躺，或半歪，抑或撅着屁股前后晃动，且很有节奏。当我用眼神批评你时，你立刻用臀部很巧妙地控制身体，慢慢把凳子腿落下，端正坐好。

你的名字在课堂上要出现多次，每天我们都在帮你一点一点地改变。你最要感谢的就是你的组长刘涵。她常常左手端正放在桌子上，右手轻轻拽着你。只要你乱动，她就目不斜视地拉拉你，你若是抵触，她就要暗暗用些力气来按捺你了。真是为难她了，一边听课，暗地里还要与你"斗争"。就在这样的"斗争"里，你渐渐有了变化：坐着的时间多起来了，书写也越来越整洁。最近，学习成绩日渐提升，还当上了值班班长。当伙伴们叫你"刘班长"时，你的自豪感根本就藏不住，喜悦地把嘴咧开了。

再说说你对茉莉老师的爱吧。每次你都风雨无阻地守候在铁栏杆处。远远地，就看见你用一双小手抓着不锈钢栏杆，身体前后运动着，小脑袋一直盯着我来的方向。只要看到我的车停稳了，你就箭一样冲到我的车门旁，帮我开门，等着帮我拎包。我多次告诉你不用这样，但你从来都不听。渐渐地，守候的队伍壮大了，一眼望去，如燕儿般摆开。在你的队伍中，每次都有一个孩子看车，其他孩子手里拿着书读着。一旦我来了，你就招呼大家迅速合上书，跟着你来拎包。我走在你们后面，受宠极了，自豪极了。

但我始终担心会冻着你们，更怕出危险。所以，最后还是硬生生地把你的小队伍"解散"了。可你还是痴心不改，站在那里等我。

后来，我们开家长会，只有你的妈妈爸爸没来。你羡慕周围的亲子互动，再也忍不住紧憋着的孤独，大滴的泪珠滚落。阿姨们纷纷安慰你，但你哭得更厉害了。我什么也没说，任你把心里的委屈全都释放出来。

在你生病时，你的父母也没有来接你回家。也不能怪他们，你家离学校较远妈妈无法自己到校，爸爸为了养家而奔波不定。看到你躺在伙伴们给你铺的垫子上，我第一次看到了生命的柔弱，平日里如鸟儿般欢快的你，此刻却闭着眼无力地蜷缩着。在茉莉班，你得到了大家的爱。看，丁明鑫给你盖上了小毯子，丁子阳、丁子丹在给你讲绘本故事，李梦妮轻轻拍着你的脚，王慧轻轻抚摸着你的头……我安静地蹲在一旁，静静听着丁子阳讲的绘本故事《生气汤》，眼里的泪水静静流出来……

你把茉莉老师和伙伴们当作了亲人。你对茉莉老师的爱是那样真和深，我们也一样爱你。

眼看着你们就要升入二年级了，茉莉老师希望你继续优秀。你有这样执着的心，还有什么学不好的呢？

## 10. 爱问问题的宋怡然

她真是一个不太出众的小姑娘，唯一给人留下深刻印象的是不停动的嘴巴、不停动的身体，不知何时就站到我的身后，永远张着那张小嘴巴——总是圆圆拢着，习惯性地向前噘着，说话时两片嘴唇一伸一缩。很多时候，我都以为她说出的话是吐出的泡泡。那微微斜着的眼神里永远有一种好奇的神采，这个女孩就是——宋怡然。

她总有小“情况”发生，总是在追问中度过一天。“老师，我可以尿尿吗？”“老师，我可以去吗？”“老师，我可不可以去尿尿？”我好多次奇怪地看着她，怎么总有那么多的尿呢？而且，只要我不回应，她一定不去，一定站在我面前执着地问，最后都是我必须说：“好的，去吧。”她才开心地跑去了。

感谢时间，总让我有机会找到答案。

这几天，儿子住院。下午，去西楼做血常规化验，匆匆上楼，突然听到一声：“是金老师吗？”

我找寻着声音，只见一位孕妇正笑着看我，从椅子上爬起一个小姑娘，竟然是宋怡然！宋怡然开心地叫着：“老……老师。”那张特别的小嘴儿又噘起来。简短的见面时间，她妈妈就急切地说：“金老师，过几天，我得给闺女请假了。这几天就不让她去上学了。因为，没人照看她，反而要让她来照顾我。”我招呼她一声，先去陪儿子化验。

终于坐下来了。我问：“为什么非要牺牲孩子的学校生活呢？”

从怡然妈妈讲述中，我得知怡然爸爸在外打工，家里老人老的老、病的病，都指望不上，只有她小姨会偶尔帮一把。怡然是她妈妈一个人带大的，因地里的农活多，怡然常常帮妈妈做些家务，洗衣服，周五必须把作业完成，每个周六陪妈妈一起来医院做产检。

这一番话让我心情很沉重。一个女人，一个孩子，一个大大的家，一片地，一个瘦弱的身躯，这期间，会遇到多少麻烦事。跟远方的爱人只会报喜不报忧。"只要有我在，一切都好"。这就是传统的中国妇女所具有的优良品质，坚韧，耐劳。除了同情，我又能帮你些什么呢？如今，茉莉老师终于懂了，你为什么总是在问："老师，我可以出去吗？"懂得了你为什么总是要一个肯定的答案，因为你把我当成了值得信任的第二个妈妈，如同小影子，总也离不开爱的眼光。

经过了一个春夏，我和你的心贴得更近了。你越来越爱读书，时常在写完作业时，悄然拿起课外读物，进入童话世界。

我常常提醒你妈妈，家里多了个小弟弟后，不仅要盯着你的作业，更要关注你的情绪和健康。这一切，你妈妈都做得很好。

记得"六一"儿童节时，你妈妈陪伴了你一上午，她快乐着你的快乐。我们表演完了节目到操场拍照，你妈妈细心地给你整理衣角，给你补补妆容，还在旁边逗你笑，以便拍得更可爱，而你也比别人笑得更加灿烂。

亲爱的怡然，每个人都是最独特的，你也是。希望你一直保持你的可爱与纯真。

## 11. 喜欢演讲的王远墨

远墨，一个富有诗意的名字，或许在你脑海里勾勒出这样一个孩子：安静、内秀。

但现实版的墨墨却极为好动，恰似一个快乐的精灵，聪慧得令人惊讶，待人接物很到位，俨然一个小大人。

在"萤火海阅"读书会的提问环节，远墨勇敢地举手回答问题，获得了掌声。那时，他还是能坐得住的。现在想想，近一个小时的读书会，能保持到结束，对他来说真是不容易。

我俩真是有缘。本学期，我兼任一年级五班的"写字课"老师。班主任贾老师很用心，她让每个孩子都做了一个姓名牌，放在桌子的中间，这样我与小朋友们认识就很方便。

"王远墨"，我眼前一亮，原来你在这里。一个小小的人儿，坐在倒数第二排，根本没有听见我叫他的名字，手里忙得不可开交，时常与身后的小男孩聊上几句，完全忘记了是在课堂。

我走到他身边，他才意识到应该回过头来坐端正，但几秒钟的安静后，小手又悄悄地伸向桌洞，我比较用力地拍了一下手，故作严肃，小家伙才紧张了一下，重新坐好。

这样的行为习惯和课堂学习习惯，必定是听不好课的。我着实有些担心，也为年轻的贾老师发愁。

若是只看墨墨这类孩子的成绩和平日的课堂表现，我们会极容易给他打个 C。时间久了，在老师印象里会定格。

但若是跳出成绩和表面现象，深入了解一个孩子的家庭生活，你会惊讶地发现他们了不起的地方。墨墨就是如此。

昨天下午，我再次与墨墨相遇。墨墨走路永远蹦蹦跳跳的，身体如同弹簧，走到哪里蹦到哪里，精气神满满。

和墨墨爸爸聊得比较少，因为他很忙。墨墨妈妈是一位慈爱的母亲，跟我说了许多墨墨的故事。

"墨墨喜欢演讲，每次他爸爸上课，小家伙总会跟着上楼，在大孩子们面前讲上四五分钟，讲他喜欢的枪，讲得头头是道。"

正说着呢，墨墨又和爸爸提演讲条件，爸爸说只能给他三分钟，小家伙根本不理会，非常霸气地"噔噔"上楼，一场精彩的演讲即将开始。

不一会儿，小家伙忽而下楼，看来演讲很成功。我说："墨墨，我对枪也很感兴趣，但是老师弄不清楚，你能不能当我的小老师给我讲讲呢？"

小家伙欣然应允，带着我来到他的"荣誉墙"，墙上从左到右，贴着他画的各种类型、不同口径的枪支。对各个枪支的特点，他张口就来。我俯着身子，毕恭毕敬地聆听和欣赏他的大作，除了惊讶，还有赞叹和佩服。这样一个充满活力的孩子，才是真正的孩童模样，无拘无束，思想如自由的鸟儿，做自己喜欢的事到了痴迷。更重要的是这个孩子有极强的语言组织能力和表达能力，从口语表达到肢体语言的运用都恰到好处，说到自己最喜欢的那款枪，更是眉飞色舞，好似手中已经握着枪，在丛林里警觉地前行。

且不说这些种类繁多、特点不一的枪名，单单把话说得如此清楚，且逻辑思维能力都凸显出来，就已经超出了同龄人的语言发展水平。

我想，墨墨长大了一定会感恩他的父母没有限制他的爱好，且给他最好的成长平台：课前三分钟演讲。这样的习惯从幼儿园就开始了。面对一群中学生，他毫无惧色，头脑冷静，带着几分自豪去展示自己所爱。这个成长平台与空间，很难找。

与墨墨爸爸接触时间虽短，但从他的身上我理解了墨墨为什么有这样的聪慧与精气神。墨墨爸爸思维活跃，不拘小节，但对问题分析又极为透彻，好似江上渔夫，看透了许多现实的东西。于是，他活得很真实，这种真实正是可贵的童心未泯。墨墨与他的爸爸就好像一个大朋友，一个小朋友。我想他们一定是常常与大自然拥抱的，才有这样自由的气息。

墨墨识字量很大，许多文章都能读下来，但就是不会拼音。我给墨墨妈妈出了个主意：利用孩子喜欢枪的爱好，每一次都从一页纸里找几个字，在空白处或在即时贴，给这几个字加上拼音，对了，就可以读他喜欢的书了；错了，认真改正，再读一读，才可以继续他的阅读。墨墨自己也特别开心地说："好的，这样很好。"

墨墨妈妈说，墨墨对数字很感兴趣，对一些数据分析得很到位。这就更令我刮目相看了。我想，对于墨墨这样一个聪明透亮的孩子，我们该如何保护好他对世界的好奇和自信，更大程度地发挥他的个性特长呢？这真是一个值得好好思考的问题。

## 12. 爱吼叫的小宇

之前我在一楼办公，后来挪到二楼。其他一切都好，只一件事很闹心。

午餐后休息时，我总听到楼道里有"狮吼"，极为刺耳，声音里充满愤怒与恐惧。

我很奇怪，一个小孩子哪来这么大的坏情绪？我循声找去，发现目标：一个壮实的男孩子，正扤挈着双手，伸直了胳膊向后，扯着脖颈吼着，青筋跳起，脸憋得通红。我不禁用左手捂住耳朵，右手轻轻拍了他一下。谁知他反应迅猛，突然回过头来，着实吓我一跳。

两只通红的眼睛如同一只小兽喷着火。

我静静地看着他，双手轻轻放在他的肩膀，尽量让他安静。此时，围过来一群孩子，兴奋地叫着："茉莉老师好！"孩子们如同看到了救星，七嘴八舌地告他的状。

"茉莉老师，他常常大声喊叫。"

"对，有时上课也喊。"

"老师批评他也不听。"

"就是，太可怕了。我们都不敢惹他。老师都不喜欢他。"

"小兽"一听这些"坏话"，更加恼火，攥着拳头就要往前蹿。我使劲摁住他的肩膀，并俯下身子看着他。"你知道刚刚这样大喊大叫都把茉莉老师的好梦惊跑了吗？"

或许，这个孩子第一次听别人这样跟他讲话。他好奇地盯着我的眼睛，眼神里的狠劲渐渐地被轻柔替代。他不好意思地低下了头。

我突然大声对他喊："你觉得好吗？"他一下愣了，没想到我会这样做，然后摇了摇头说："不好。"

我继续吼着说："可是你以前就是这样跟大家吼叫的啊！"

孩子突然懂了我的用意，不好意思极了。

突然，我又极为柔和地说："孩子，现在知道这样大声吼叫有什么不好了吗？"

他非常诚恳地点点头说："这样会不礼貌，大家都躲着我。"

"以后，可不可以像现在这样和气地说话呢？"我问。

孩子用力地点点头。

我示意周围的孩子把掌声送给他，然后又教给他平息急躁情绪的方法，比如深呼吸三次或者慢慢往下蹲，倒数"5、4、3、2、1、0"，数完吐出一口气，内心舒畅和安静。

第二天我又遇见他，孩子停下来立正站好，向我行标准的队礼。我夸他有礼貌，顺便问了一句："孩子，你现在还大声叫吗？"

他如拨浪鼓似地摇着头。我还是有些不信，等他下楼后，我悄悄问了他的同班同学，孩子们都说："老师，小宇他安静了很多呢！"

后来，每次遇见这个叫小宇的孩子，我都会向他伸出大拇指。

巧的是，在一次运动会上，我发现一个孩子低着头，左手捧着右手痛苦地呻吟着，仔细一看正是小宇。原来他的手指被蜜蜂蜇了。我赶紧把他带到医务室紧急处理。我很惊讶，这么疼痛，他竟然没有大声喊叫，的确改掉了吼叫的毛病。

这一天课间恰好又遇到小宇，我邀请他到我的办公室聊聊。

看到孩子嘴唇干得起了皮，我先让他吃了个桃子。他说："这个桃子很甜，很好吃。"

我笑着问他："老师一直很想知道，以前你为什么爱大声喊叫呢？"

孩子认真地说："就害怕有人向老师告状。心里越害怕，就越想大声喊叫，阻止那些同学把我的事说出来。他们告我的状，我就会挨老师批评。"

"还有的时候，我大声喊，是因为心里有话说不出来，就着急，一着急就大声喊。同学们就认为我有毛病。"

"在家里我做不会题时，或者做错了事情怕挨训，我也会急得吼叫，爸爸也说我有这种毛病。"

"自从您跟我说了那些话，我就不再大声吼叫了。那样真的很没礼貌。现在伙伴们都很喜欢我，有很多人跟我说话。"

我听了很高兴，因为改变了一个小缺点，小宇拥有了更多好朋友，学习、生活变得愉快起来。

桃子的甜汁还有一点残留在嘴角。孩子用舌头舔了一下，开心地说："现在爸爸一般不吵我了，也是因为我不再大声吼叫了。"

我说："你看，改掉一个坏毛病，收获了这么多的爱。"

"爸爸说，你每天改一点，爸爸就高兴。哦哦，我就改了很多。"

小宇说话时总有"哦哦"的习惯，或许是为了让自己有思考的时间吧。

"现在，我经常给奶奶倒茶、洗脚，因为奶奶生病了。中午和上午，我得上学，没法照顾奶奶，晚上我就跑去给她喂饭。奶奶都哭了。我笑了，因为我能为奶奶做一点事情了。"

我越听越欣慰，没想到我的一个举动，竟然给孩子带来如此大的变化。教育育心，是最艰巨、最细致入微的工程，我们只有静下心来肯听听孩子们的心里话，就能解开许多心结，引领他们向着阳光地带前行。

感谢自己的"多管闲事"，让一个个孩子都能走出自己阴沉的小世界，看到和享受到许多的美好。

## 13. 用心画画的高同岳

对高同岳这个孩子，我有特别的情感。

有一段时间，我总是收到高同岳送给我的礼物：一张小图画纸，画上的内容每次都不同，很精致，无论是细节描摹还是轮廓勾勒，都很仔细。

　　每次看到孩子兴奋至极地跑过来，双手赠予我，我都会站起身来双手接住，神情如获至宝，以回报一个孩子对老师至高无上的尊敬。

　　每次高同岳看到我的态度，都很高兴，认真地说声："谢谢茉莉老师收下我的画。"

　　我跟他说："你不认识字，老师会帮助你。既然你喜欢画画，那么每次画完后，你就把图画内容编成故事写下来，不会的字可以查字典，也可以加上拼音或者问问同学们。"

　　这真是一份特殊的作业，也是高同岳没有想到的，他的眼睛里充满了喜悦的光，清亮得很。

　　接下来的日子里，高同岳都是这样原创字画书。

　　不久，我这个特别的识字引领方法有了效果。

　　有一天早上，我看到办公桌上有一封信，不用拆就知道是高同岳写的，因为他的字都将一个个笔画生硬地接起来，如同一个刚刚认识世界的孩子，跌跌撞撞地学着走路。

　　但我很欣喜，因为书信交流这种古老的方式，一直是我提倡并且在用的。如今高同岳能把心里话写出来，这比起三年前是巨大的进步。

　　拆开信，我太惊讶了。因为信上的许多字都是正确的。原来是他受了委屈："茉莉老师，张鑫经常欺负我。他常常笑话我傻，还说我不如他学习好。茉莉老师，求求你把我和他分开吧。"

　　有了委屈懂得诉说，这说明茉莉老师在他心中是公平公正的，他把关系到学习生活的重大事情说给我听，就是在寻求一个安全和安稳的生活环境。

孩子的诉求看似微小，但关系重大，因为他的世界就是那样小。

后来的日子里，我鼓励高同岳继续画画和写话，我会一直接受他的馈赠。希望有一天，这个童话式的方法能让高同岳爱上汉字，遨游于汉字王国，并能写出流畅的文章。

### 14. 卷发男孩宋泽俊

开学第一天，校园里就有了新景象：一个"卷毛"男孩在校园里被追着到处跑。如果是女孩子，我不会惊奇，但如果是一个男生顶着一头卷毛，他没准会有烦恼。

有一天，我在操场遇到了"小卷毛"。

阳光下的他，卷发闪着光，着实好看。此时，离他近的小伙伴常常摸一下他头发就跑开；还有几个高年级的女生也凑过来，或摸一摸头发，或弯腰询问。我虽然看不清这个"卷毛"的表情，但从他不断躲闪可以判断出他一定很厌烦这样的"围观"。

我把他叫过来，他边跑边一口一个"模拟老师"叫着，我开心地笑了。这个二年级的小家伙，至今发不清"l 与 n"。我和他一起在操场上走着、聊着。

"孩子，说说你的头发吧。"

他仰头望着我，一脸无奈地摇晃了一下小脑袋，一撮卷发来回蹭着他的前额，他噘着嘴，深皱着眉头，不时向上吹着那一撮头发，烦透了的样子。

"是妈妈找人给你烫的？你自己肯定不喜欢吧。"

"嗯，它老碍事。"孩子指了指额头前的一撮，接着挠了挠头说，"特别讨厌很多人老问老问的，更讨厌的是有好多人老摸老摸的。"

说着他又噘着嘴、皱着眉，又对着那一撮头发吹了一下。我同情地拍了拍他的小肩膀，但没有摸他的头发。

"那你想不想把它变回去？"

孩子的眼睛亮了，他看着我，好似我的眼睛里有自己当初的模样，然后点了一下头，接着迅速有力地连续点了几下。

"把你妈妈的电话号码告诉我。"

我给他妈妈拨通了电话，简单介绍了一下自己。没想到他的妈妈惊讶地说："你是茉莉老师！"

我说："一切的成长都以自然为好。孩子的生活也是如此，简单才能快乐。您以为好看的这个发型，却给孩子带来诸多烦恼。"

我复述了孩子的心里话以及刚刚看到的一幕幕。他的妈妈听了后很是内疚，连忙表决心，"茉莉老师，我今晚没时间，回家得很晚，周六就带孩子去理发。"我被她的爽直逗乐了。

"一言为定。"我笑了。

孩子笑了，一脸花开的模样。

周一，午餐时间，我一直期待看到那个孩子。

突然，我的后背被一双小手轻轻拍了一下，然后一个清爽的小脑袋从我左侧伸出来。

我定睛一看，正是"小卷毛"。哦，不应该再这样称呼，因为头发已经短了好多，最明显的那一撮已不见。虽然头顶还保留着卷发的痕迹，但整体上已经还原最初的模样。

我俩又一次散步，他边走边转，一会儿飞机飞，一会儿青蛙跳，开心极了，"一双翅膀"在闪光。他叫宋泽俊。

这个可爱的孩子不断摆着姿势，让我给他拍照。这就是童真。

后来，我拿出前后拍到的两张合影：一张是我与"小卷毛"；一张是我与"小清爽"。以此纪念我们的友谊。

## 15. 瞬间改变的晨晨

有一种改变，在一瞬间。晨晨就是如此。

我曾经亲眼目睹他动手打了送路队的苏老师；也曾看到他把于老师气得脸色发青；亲眼看见他妈妈的无奈表情。之后我更是惊愕地听闻他在幼儿园的无法无天——一个极为淘气的孩子。

我与这个孩子并无交集，直到有一次我的班与他的班在路队前后相随，我实在看不下去他的张狂打闹的行为。我快步追上，提醒他注意路队纪律，但得到的是白眼和带头起哄。队伍继续乱哄哄，我又一次上前提醒并厉声批评他，得到的不仅是起哄，还有几声辱骂。

难道他就这样了吗？以后又会成为怎样张狂的孩子呢？

事后很久，我对他的行为只能视而不见，直到那一次……

事情源于我的"多管闲事"。

课间楼道纪律一直令人头疼。噪声不绝于耳，奔跑、打闹、滑楼梯、跳楼梯等不文明行为更是常见。在这些孩子中，就有晨晨。对此，孩子们似乎习以为常，老师们虽屡屡禁止，但效果甚微。

让孩子们有仪式感，或许会好些。我让茉莉班的孩子在每个楼梯口及楼道执勤，示范、劝阻，利用晨读课教孩子们文明上下楼梯。

上午第一节课后孩子们就上岗实践了。我担心孩子们第一次执勤会羞涩，没有自信和勇气。于是我逐个楼层指导、示范。对于行为过分或态度不好的孩子，我先敬少先队礼，然后把他们叫到一边，讲明利害关系，并在他们态度诚恳认错后，热情邀请这些孩子加入到文明礼仪监督岗中。经过我的言传身教，茉莉班的孩子们渐渐有了自信，他们大胆负责，积极跟进，既能委婉批评，又能严肃执行。

第二节课间，我照例陪执勤的孩子们。站在二楼，只见一个头发蓬松的男孩子呼哧呼哧往上跑，等他上来，我才发现是晨晨。

我向他敬标准的少先队礼，并伸手示意："同学，请你靠右下行，然后重新靠右上行。"

晨晨愣了一下，站在原地。他可能从来没有见过一个老师向他敬礼。在庄严的仪式感面前，晨晨缩回了欲要上行的左脚。老老实实地答应："哦哦。"转身，靠右下行，之后，规规矩矩上行，边走边说："还可以这样上楼，还可以这样上楼。"

思想被触动，行为定有改变。

意料之外的一幕发生：上楼后，他站定，面向我认真敬少先队礼。虽然敬礼姿势并不标准，但抬头挺胸，五指绷紧。我向他还礼，随后纠正他的队礼姿势。

好的转变在继续，这次又是一个惊喜。路队行走，我们班还是与晨晨的班相随。我发现他竟然在队伍里管理起伙伴来。我追上去，再次同他聊天。我问："这样规范着走路，好不好？"

晨晨连续点头，说："以前闹惯了，今天上午从走楼梯到现在规规矩矩走路队，感到好好走路真好。"

"好好走路"，说得很好。每个顽皮的孩子心里都有一片美景，有时他们故意用"坏孩子"的行为宣泄自己的情绪，释放心中的不安。这样的孩子都是缺少被关注。比如，有的孩子故意违反纪律，想用"特别"的方法来获得老师的注意，得到老师的赏识。如果我们老师能耐心观察，加强家校沟通，从父母口中了解到孩子的一丝闪光点，创设环境，促其进步，使这样的孩子看到自己的价值，那么他们会比其他孩子更加懂得感恩。

无限相信孩子，用我们的痴心与爱心以及教育智慧去影响、感化一颗颗顽冥之心，最终能金石为开。

## 16. 渴望拥抱的"小凉帽"

五月的鲜花开满连廊，艳丽与芬芳牵住了我的脚步。我欢喜地欣赏，闭上眼睛深深地吮吸。睁开眼的一刹那，我被吓了一跳，一个小孩子正歪着脑袋看着我。

"你什么时候在这里的？怎么没去上课？"我连声问他。

"这一节是体育课。老师让我回教室送绳子。你在跟花说话吗？"

我愣了一下，点点头。我仔细观察着这个小人儿：戴着一顶可爱的软软的草编小凉帽，身着蓝色校服，手里握着许多根跳绳。他一定是一个乖巧、心细的孩子。

"你很棒，能帮老师做事情。在家里也常常帮妈妈吗？"

"不，我常常帮娘做小事情。"孩子认真地说。

"娘？"我不确定地重复了一遍。孩子点了点头。"娘"这个称呼从一个 8 岁孩子的嘴里出来，让我特别不习惯，那是我们"70 后"对母亲的称呼。我感到这孩子的心里藏着个小秘密，别看他小，表述却很流畅，每个字都很清楚。最终，我还是弄清楚了事情的来龙去脉。因为各种原因，他很早就寄养在大娘家。每周，他的爸妈都会去看他。每次爸爸妈妈要走的时候，孩子都渴望分别的时刻无限延长，但他知道暂时回不去，在父母怀里撒娇的愿望常常是想象，于是他学会了自己安慰自己。

"娘平常不拥抱你吗？"

"很少。"孩子摇摇头，眼里的光暗淡下去，"只有在她觉得我特别听话的时候才会那样做。"

"你都是在什么时候想妈妈的'抱抱'？"

"灯关了，黑的时候。我就抱抱自己。就像这样。"

说着，他表演了一下。我轻轻叹了一口气。没想到，他竟然说："我也叹过气。"

我再也忍不住了，张开双臂，孩子一步步向我走来。我紧紧地拥抱着他，他的小手比我还早地轻轻拍拍我的后背。"好懂事……"我的眼泪落到他的后背。

孩子仰起脸，问我："你要是以后看见我，还能抱抱我吗？"我蹲下来跟他拉钩，"一定会的。"

接下来的一个周五，我刚刚到校，正遇上国歌响起。突然，一个熟悉的身影跳进我的眼，是那个孩子，他正站在楼梯口敬礼，大声唱着国歌。多懂事的孩子啊！做什么事都那么认真。

等升旗仪式结束了，我才走近他，刚好，他也看见了我。他一脸惊喜，一下子张开小手，我迎过去，给他一个大大的拥抱。

许多年来，我一直牢记苏霍姆林斯基的那句名言："教育者的关注和爱护在学生的心灵上会留下不可磨灭的印象。"

## 17. 走出孤独的孩子

遇见这个孩子，是在一个课间。那一天我改变了日常行走的路线，改从侧门进入，在楼梯下层的拐角，突然看见一个小身影躲在深处的墙角，他的脚边有一个简易小凳子，靠墙站着一排卫生工具。

我没有打扰他，默默走过。这里是他的安全港湾。大概唯有这厚重的墙壁与拐角处的狭小空间，才会安顿好这个小灵魂。我坚信，他还会数次出现。

果然，第二天、第三天、第四天，他都在填充那个孤独的角落。

此刻，我不再等待。但我想让他走出来，必须我先走进去。

由于空间狭窄，我只能低头和弯腰。

"你怎么总躲在这里呀？"

孩子局促地低头看脚。

"是没有朋友吗？"

"嗯，我总是考 D，同学们都叫我大 D。"男孩自卑地再次低下头。

"试着昂首挺胸走路，来，跟我来。"

我招呼他走到阳光地带，旁边有青青翠竹与向上攀登的爬山虎，郁郁葱葱，连间隙中的杂草都长得特别旺盛。我顺手指给孩子看。恰好一只蝴蝶翩翩飞来，舒翅落在浅黄色的花蕊上。

我们一大一小，走在这相对安静的小道上，从南到北，边走边聊。

"孩子，老师交给你一个任务，主动去找伙伴玩耍，"我看了看沉默的孩子，"很多困难都是自己想象出来的。也许他们只是调皮，实际上很容易就会接受你呢？"

他抬起头，看着我，我郑重地点点头。他腼腆地笑了一下，如同枝叶间瞬间闪过的光。

"下一次，你会变得不一样。勇敢尝试就是进步。我相信你会找到新朋友。"

再次遇见他，是在我们约好的地方——散步的校园小道。他的身边多了一个小伙伴。他俩站在青青翠竹旁，阳光在他们身后投下长长的影子。已经无须多问，他已经在拥抱新的校园生活。

临别时，我向他伸出大拇指，说："以后的每一天，你都大于D。"

## 18. 寻找夏天的男孩

清爽秋日，开学第一课，我和孩子们回忆夏天，记住夏天的模样，感恩自然的馈赠。

抛却夏日炎热、蚊虫的烦恼，回忆里有荷香四溢、瓜果飘香、蝉鸣蛙叫、碧海银涛……孩子们说不尽夏天的美好。每到动情处，我们还会吟诵浪漫的古诗词。例如："接天莲叶无穷碧，映日荷花别样红""意欲捕鸣蝉，忽然闭口立""稻花香里说丰年，听取蛙声一片""梅子金黄杏子肥，麦花雪白菜花稀"……我们不但诵读，还即兴表演。

突然，我听到了一声叹息，然后看见了一只举起的小手。是个男生，坐在最后一排，他举手时，犹豫了一下。

我没有立即询问，而是先安排孩子们"我手画我心"——回忆夏天。

孩子们立刻投入到追逐夏天的绘画世界里。

只有这个举手的男孩没有行动。我走过去，弯下腰问："刚才有什么要跟我说的吗？”

　　“回忆，是因为夏天死去了吗？”他问得突然。我听得愕然，随即说：“不，季节是不会死去的，只是像捉迷藏一样，先躲起来，看多了一种风景，再迎接新鲜的一季。等到明年，你又可以遇见夏天了。”他突然趴在桌上，自言自语地说：“要是死了的人也像捉迷藏一样，躲起来，下一年再回来，该多好。”说完，叹了口气。

　　这样一个小小的心怎会承载如此沉重的问题呢？我轻抚他的肩膀说：“今天是中元节，是咱们中国的传统节日，也是纪念和祭拜祖先的日子。”

　　“他们会收到吗？”

　　我不知如何回答，唯恐伤了一个孩子的梦。但我还是坚定地说：“是的，你的心能感觉到思念，就是他们收到了。”孩子不再追问，他得到了一个想要的答案。“谢谢茉莉老师。”

　　多善良的孩子啊。生死的问题太沉重，究竟在他心里藏了多久？幸好今天回忆夏天，也让他的心事如月光一样流泻出来，但我不知自己的解释是否好，只希望孩子们勿忘流逝的时光，珍惜当下时节，用更细腻、珍爱的心去迎接秋日的馈赠。不久就是中秋，希望月更圆，人更美。

### 19. 帅帅的马宝帅

　　总有那么一些孩子，暂时落在“队尾”。他们常常被安排在最后一排，最后一个单桌。如果说整个班级是一首流动的歌，那么我把他们看作尾音，得先听着诸多赞扬、先看着前面所有的繁花似锦，自己唯有默默欣赏和独自守候属于他的最后一个音符。

宝帅，是他自己想让别人叫的。他说，希望有个人能喜欢他，觉得自己很帅。我说："我喜欢你，你真的很帅。昨日邀请你们班的小爽，她特别讲了你帮助她的事情。"

宝帅认真听着，脸上不再那么愁闷，而是有了神采。

"我了解了你帅气的做法，感受到了你的责任心和善良。"

宝帅很惊讶，他怎么也没想到，世界上还有一个人说出他的几种好。这个皮肤黝黑、看起来憨憨的男孩，竟然哽咽了，后来完全哭出来。我知道他压抑得太久了。过了一会儿，他平静下来，我开始聆听他的心声。

"大家都觉得我学习差，那是他们没有看到我的心，我渴望跟他们一起玩。记得那一次下课时，我想参与他们的游戏，我又不好意思表达，心里一急，手就突然拽住了一个男生的衣服，结果他太瘦了，一下子没站稳，往后跌倒了。他就误会我了，去告我的状，说我学习不好，还欺负同学。老师也习惯了这样。我也习惯了不解释，也习惯了认错。后来，就常常一个人趴在座位上玩了。"

我心里一阵难受，如同晴空里下起了雨。我拍拍他的肩头，告诉他，我很理解他。

我向宝帅复述了小爽的话。小爽说，那一次班级组织周末采摘，她去得有点晚，其他人都已经摘满了一篮子，到一边休息聊天去了。她本想不摘了，但你走过去轻声说要帮她。你一边摘一边和她聊天，怕她孤单，还给她讲了笑话。小爽说她重新认识了你——很热心、有爱心。她说她愿意做你的朋友，不管别人说什么。

宝帅感动和惊讶得不知所措，我理解他并鼓励他好好读书。我给他一本书，并告诉他每晚养成阅读的习惯，日积月累，不知不觉你的谈吐会有变化，修养悄然养成，朋友自然会来。我还让他回家种一株植物，慢慢守候，迎接小种子的破土而出，感受生命的奇妙。宝帅愉快地答应了。

我相信他是诚实的，也相信他会坚持。

## 20. 梅花女孩董董

那一天，我刚踏进教室，就被一抹桃红惊艳了。

她是董董，穿着白绒边的桃红色棉马甲，扎着两个细小的麻花辫，一溜齐刘海，远远看去，如一朵美而含蓄的梅花。

这一堂课学的是《不一样的冬天》。我提了一个问题：小动物们在严寒的冬日是怎样过冬的呢？董董竟然能说出两栖动物，解释了青蛙冬眠的原因：它是变温动物，不像其他动物有衣服穿，如果它不冬眠，就会被冻死的。她还说了几个半冬眠的动物。有一个小男孩天真地问："董董，什么是半冬眠啊？"

我示意董董可以回答。她真是一个有礼貌的孩子，特意转过身体，对远处那个男孩说："半冬眠的动物就是一遇到动静，会被吵醒，不是一直沉睡。"

孩子们对动物的冬眠很有兴趣。干脆，我就多讲讲那些冬眠的小动物吧。"蜗牛冬眠，并不是为躲避严寒。它冬眠，是因为缺吃的。它冬眠时，先躲到墙角落里，分泌出一些黏液，在壳口封上一层防风的薄膜，就可以安心地睡上一个冬天了。"

孩子们兴奋极了，问了乌龟、小兔子、松鼠等过冬的事，其中最活跃的仍是董董。她特别善于思考问题，一副认真的模样可以影响周围的伙伴。

她如同一首乐曲的主旋律，在40分钟课堂里恰到好处地出现，让整个课堂更生动和完整。难得有这样一位秀外慧中的女孩，如此喜欢冬天和冬天里的一切，正是"冰雪林中著此身，不同桃李混芳尘"。

一节课很快结束。我前脚踏出教室，就被一个声音叫住，是董董。她说："茉莉老师，你穿得白白的，像雪花。我呢，就像雪中的梅花。"

我笑着说："你比老师更白、更香，也更美。我们都在迎春。"就在楼道里，我为董董吟诵了一首王安石的《梅花》，引得孩子们一阵掌声。"墙角数枝梅，凌寒独自开。遥知不是雪，为有暗香来。"

活出儿童的灵性，你就会与他们相通。董董，就是盛开在我冬日里的那点红，那是儿童的清与洁，"更无花态度，全有雪精神"。儿童的美，是纯粹的美。

## 21. 满族小使者小楚

　　没有什么比得到孩子们的信任更幸福的了。昨天中午，有个女孩来找我，她叫小楚，想跟我说说心里话。我与她一起坐下，聆听她的心事。

　　原来，小楚是满族，她总感觉不能很好地融入校园生活。我让她说说有哪些不适应。她犹豫了一下，开始娓娓道来。

　　"我的皮肤是黑红色，与别的女孩不一样。暑假时，我故意躲在家里不出门，但两个月也没有把脸捂白。"

　　我轻轻拍拍她的肩头，问她："还有别的不适应吗？"

　　"还有就是同学们总问我很多问题，比如我吃饭为什么与他们不一样，我不能吃狗肉，因为它是我们的图腾。但是我怕说出来，同学们会笑话我。"小楚说。

　　我鼓励她说："伙伴们其实都很有礼貌，也很注意团结友爱，他们会感受到你的严肃和敬畏，不会笑话你的。"

　　"同学们对我总是很好奇，我有些不开心。"

　　我说："老师很能理解你和伙伴们的心情。他们对你的民族有好奇心，是很正常的。我也被吸引了呢。你的民族历史悠久，有自己的语言、文字，民间文学十分丰富，出现了很多著名的文学家、诗人、书画家。"

　　一提起这些名人，小楚很兴奋，一口气说出了纳兰性德、《红楼梦》的作者曹雪芹、文学家老舍。

我开心地说："是啊，你看你的民族多优秀啊。这一切都吸引着大家去认识和了解它。你把自己的角色当好，承担起'满族小使者'的任务，可以有计划地给同学们讲讲你的民族，不是一件很有意义的事情吗？"

小楚很感兴趣，但又面带难色地问："老师，我不知道该从哪里讲起。"

我怕她记不了那么多事，干脆找张纸写下来：满族的由来、八旗、服饰、风俗习惯、特色美食、满族名人。

我把纸条给了小楚。她开心地说："茉莉老师，原来行动起来可以改变自己和别人啊。"

我向她伸出大拇指，说："一切烦恼都是促你进步的财富。你想办法去思考并行动，就会有收获。"

小楚笑了，直点头说："谢谢茉莉老师。我平时有些不耐烦，现在您给我写了计划，我才知道我连自己的民族都不是十分了解，这不就是忘了根吗？"

我惊讶于小楚的深层思考，不禁重复了一句："不能忘根。小楚，你要记得，你的血脉里流淌的是民族精神，它是一根扯不断的线，也是一条历史长河。希望你做一颗会思考的小水滴，才能跳跃出美丽的浪花，开在伙伴们心中。"

小楚抿着嘴使劲点头。我逗她："现在还为自己的'古铜色'苦恼吗？"

小楚笑着点头说："不，我应该感到骄傲和自豪。那是我们祖先给我的印迹和特征。"

第二节课间，小楚又跑来，说还要聊聊太奶奶的事，我很感兴趣。

小楚说太奶奶的发饰依然是细密的小辫子，她的衣柜里还珍藏着过去的许多头饰和手饰……

听着小楚的叙述，我眼前好像浮现出一位慈祥的老阿妈，站在夕阳里回忆芳华：芳草淡淡的清香润着她的心田；圣洁坚实的马背是她成长的登攀；她古铜色的脸，每一道皱纹都流淌着岁月的河，每一根细密的小辫子，都凝结着一个沧桑的故事。她用苍老粗糙的手，抚平岁月的苦难，用大爱和坚韧耕耘着美丽的草原。

我和小楚聊得很畅快，草原是她生命的摇篮。她说她一定再回老家看看太奶奶，再摸一摸老人家的脸，看一看她珍藏的那些

宝贝。

这是一个多么懂事的小姑娘啊。她把大草原、牛羊、蒙古包、太奶奶，都装进了小小的心里。一川草色青袅袅，绕屋水声如在家。

离开时，我又叮嘱了她一句：做民族团结的小使者，和同学们成为一家人。我和她约定，过一段时间再来跟我聊聊她的新角色——满族小讲解员。

小楚开心地说，她的任务很艰巨，但很光荣，她会认真做。

看着小楚的背影，我好似看到她正走向那美丽的故乡：广阔的牧场，圣洁的长生天，跨上马背，依然可以满怀崇敬的心情，尽情领略先祖的金戈铁马、气吞山河……

## 22. 有做人准则的小曲

课间遇见小曲，他正拿着拖把往教室走。我叫住了他，随口问他："你做过觉得酷的事情吗？"

小曲略微想了想说："打过一个人。"

"打架多吗？"

"不，只有那一次。"

"为什么？"

"他说我不要脸。"小曲说完，依然沉浸在回忆中，一脸严肃。

"你觉得这三个字足够挑战你的忍耐性吗？"

"是的，那是一种侮辱。"小曲说，"第一句，我没理会他。他又说了好几遍，我就怒了。过去就把他踹倒了，指着他的鼻子，问他敢不敢再说一遍。"

"他求饶了吗？"

"嗯，他说以后不敢了，爬起来就跑了。"小曲神情依然凝重。他说，至今仍然觉得"不要脸"这个词不可以随便说。

我问："这属于你不能忍的范畴吗？"

小曲使劲点头。

我试着问他对这三个字的理解。

"我没有偷过别人的东西，没有伤害过女同学，没有抄过别人的作业，就不能承受这三个字。"小曲义正词严地一口气说出三个理由。看得出他是一个特别有主见的孩子，有自己的做人准则。

基于这一点，我很尊重这个小大人，同时也给予他一点建议。我说："可以把你的理解严肃认真地告诉对方——这三个字意味着什么。他心里明白了，就不会对其他同学继续说。你既成为他的小'导师'，又避免了拳脚。我们能当宣讲员，就尽量不做粗俗事。你说呢？"

小曲听完，露出笑容，说："谢谢茉莉老师。我懂了，您让我明白，除了拳脚，语言的力量也很重要。"

我瞬间睁大眼睛，不可思议地摇着脑袋看着他，惊喜于一个三年级孩子能说出这样有哲理的话。

小曲是一个活得太认真的孩子，说话时嘴紧抿、眉头深锁，我担心他心事太重，所以希望他学会用温和的方式解决问题。看来，他真有感悟。

教会孩子懂得发挥语言的魅力，在赢得被尊重的同时，也教育了他人。我们都要在行与思中学着长大。

## 23. 沉稳的大凯

大凯，人如其名，长得健壮，说话底气十足，很有领导才能。他是小学里为数不多的男班长。

作为一班之长，大凯管理班级很有一套。如果老师不在班级，他照样可以让同学们鸦雀无声。他安排班级事务井井有条，对待同学粗中有细。作为男生，免不了有一点豪气。近日，他给同伴们讲了一件"豪迈"的事情。大凯说，那是他从不会后悔的一件事。我津津有味地聆听。

三年级时，某一日课间，班里有个女生哭着进了教室。大凯的超级小助手第一时间得知消息，三步并两步跨进教室，找到那个叫丹丹的女孩问原因。

原来，在校车上，丹丹被隔壁班级的男生讥讽，并故意绊倒了她。因为丹丹脸上雀斑多，那个男生就叫她"小芝麻"，还阴阳怪气地说："芝麻芝麻开门，芝麻芝麻撒一脸，一脸一脸小芝麻。"

大凯听了，想了一会儿，一招手，几个小助手立刻众星拱月般仰视他。大凯说："今天不教训一下他，下次丹丹还得受欺负。"

我听到这里，很担心后面的事态发展，转念一想，我的思虑是多余的，别看大凯那时只有十岁，但言行很沉稳。我还是洗耳恭听吧。

大凯说："我就带着七八个男生，到操场上找到了那个男生，围住他，让他再把嘲讽丹丹的话重复一遍。他一开始还嘴硬，说不是他讲的。"

"他不承认，你是怎么做的呢？"我问。

大凯胸有成竹地说："早知道他会这样。我提前让晓东调查，谁与丹丹坐同一辆校车，谁跟丹丹坐得最近。等丹丹他们来了，一起当面对证，他一下就怂了。"

"他说什么了吗？"

"他问我想怎么样？我说，我们是文明校园，都是文明学生，你只要道歉，并在这张纸上写：永远不再嘲笑丹丹同学的脸，签字就行。"

我听着听着笑了，佩服这个沉稳智慧的孩子。他很善于利用团队力量，做事有理有据，考虑周密，用事实驳倒对方，始终站在文明的天空下成长。

"后来呢？"我问。

"一年了，丹丹没有被嘲笑过。"大凯自豪地说。我用力拍了拍他的肩膀，点头说："你很棒。有些事也应该告诉老师，班主任之间协调，效果会更好。我们是在校园里生活，师生共同成长才更美好。"

大凯感谢我的鼓励和指点，主动伸出手跟我击掌。我感到了他骨子里的自信，还有眼眸里的坚定、豪迈与善良，好一个帅气的男子汉。

## 24. 口吃的果果

某天在三年级某班上课，有个叫果果的孩子高高举手回答问题，但很遗憾，我努力地听辨，才理解孩子要说的答案。他的口吃太严重了。

课后，我悄悄问他的班长。她说："果果从上学就这样，但他读课文很流畅。"我很诧异，决定上网查阅。

原来儿童口吃的原因有生理性、病理性、心理性三种。生理性口吃主要发生在两岁到五岁。这一年龄段的儿童正是学习语言的阶段，所以出现口吃很正常。

我不知道那时果果的妈妈是否引起过足够重视。

病理性口吃主要是孩子生活的环境有口吃患者，孩子在好奇的驱使下模仿，形成口吃。

我回忆起小时候，邻居家的小女孩学姥姥口吃的事情。小姑娘八九岁，每次她的妈妈忙起来，就得送回姥姥家。她姥姥口吃严重，妈妈每次来看孩子，就打女儿屁股，并说："让你学，让你学。学什么不好，偏要学结巴。"姥姥在一旁既心疼，又无比愧疚，偷偷落泪和自责。从此以后，我对这个妈妈颇不喜欢。她仅知道懊恼孩子的口吃，却没有顾及老人的感受、孩子的年龄特点——善于模仿。

若是果果朗读课文时很流畅，那么他的口吃属于第三种：涉及孩子自身心理素质的口吃，如精神紧张、焦虑、应激等情况也可引起口吃。

课间，我把他约到办公室，与他轻松聊天。我拿出一本书《老人与海》，他很喜欢。我说，你就选喜欢的一小段读读吧。

他很快融入角色，的确读得很流畅。我表扬了他。当我问他问题时，他又开始严重地口吃起来。

他知道自己的这个问题，也很苦恼。我问他为什么会这样？

他断断续续地说："一听到问题就特别想回答，心里清楚，感觉所有的话都拥堵在嘴巴里，每一个字都想往外跑，你挤我、我挤你，最后全都挤得东倒西歪，说出来的就成断断续续的了。"

我的判断是对的，他是因为太过紧张。

既然不是病理性的，那就有可以改变的机会。当下能做的就是让他学会放松。

我说："我们先试着把语速慢下来，你每次想打磕巴的时候，就先停几秒，组织好了语言再说。咱们现在试试看。"

新的聊天开始了，当他又要急于回答时，我用右手做出平稳的手势，他就慢下来，停几秒。果然，训练了几分钟后，果果的进步飞快，基本不打磕巴了。他自己很惊喜。但一激动又要口吃，我赶紧示意他放慢速度讲话。就这样，短短课间十分钟，果果已经能比较流畅地交流了。只要方式正确，轻松讲话没有问题。

我担心后续果果还会出现反复，比如因为急躁或者父母很忙忽视对他的帮扶治疗，于是就给他的父母写了一封信。在信中，我分析了果果口吃的原因，我对他的交谈与进步，并提出了下一步治疗口吃的方案。希望在家校协同努力下，果果能成为一个正常的孩子。

## 25. 国风少年大志

与大志认识，是在淘乐汇的活动上。三四年级的孩子在体育馆里摆上了各自的物品，有图书、文具、小饰品和小食品等，很是热闹。这个活动可以培养孩子们与人沟通的能力，使他们在讨价还价中锻炼口才，激发智慧，体验生活的乐趣和感受挣钱的不易。

到处都是叫卖声，在众多摊位中，有一个小团队引起了我的注意，仅仅是色彩搭配亮眼、字体的促销广告牌就足以吸引众多人的眼球：货美价廉，顾客是上帝。还没等我弯下腰来，摊主就主动招呼我："茉莉老师，给您糖吃。"好一个爽快的小男子汉，黝黑的皮肤，额头上一点不太明显的小疤痕，圆头圆脑，小老虎般壮实、有活力。尤其是那双大眼睛，闪着真诚，让你不忍拒绝。我双手接过四颗糖。突然，他跟了一句："不买没关系的，就是送给您吃的，拿着吧老师。"

高情商的孩子，总能与人友善，且不让对方尴尬，这样的孩子很让我珍爱。他周围的小伙伴也都很友善，机灵又热情。

活动中，我一直默默观察着这个摊位，出货最快，顾客最多，两个小助手忙得很，一个收钱的小罐子快被纸币塞满了。

因为有课，我提前回来。赶巧，下课时，他们的活动结束了。三个小伙伴迎面走来，中间的是大志，两位朋友一个拿着卷席筒，一个拿着广告牌，喜悦着、攀谈着。

大志的小助手告诉我，他们今天挣的最多，他们商议好了，要把这些劳动成果捐给西部地区的小伙伴，给他们买书。

我再次对大志他们刮目相看，不禁再次欣赏他的面容：虎头虎脑，大眼睛，黝黑的皮肤，壮实的身板，这三个孩子以后必定走出"浩荡春风生玉树"的洒脱。

课间，又遇大志，他向我问好并鞠一躬。我也向他还礼，点头致意。回到办公室我还在想，这个孩子销售有情商、做事有情怀，这一定与他个人素养有极大关系。于是第二节课间我又主动找到他。

这一聊，真的让我很惊讶。大志爱好书法和国画。恰好我也常练书法。我和大志聊得更有趣。

习练书法可以得到审美的享受、哲思的启迪，养浩然之气。正是在渐进的书法练习中，大志有了这样的心性。

我想大志的粗中有细、刚柔相济的个性，以及明澈的眼神和有力的胳臂，也应该与学习国画有关吧。

　　伙伴们说大志"胆大心细"，特别讲诚信，答应了朋友的事，一定会去做。于是，我又把这样的美好品质归功于大志学习国画这件事。素描、油画可以随时修改，但国画落笔成形，不可更改，所以可以锻炼孩子的判断能力，培养孩子"胆大细心、求真求实"的思维能力和心理素质。

　　了解一个孩子需要多方面询问、采访。对此，我乐此不疲。我问了大志的同学们，他们说他做事很有耐心。是啊，无论是学习毛笔字还是学习国画，都需要这种品质，但谁能说得清，是他的耐心成就了今天优秀的他，还是书法与国画熏染了他的耐心呢？

　　我说大志长得很健壮，将来是顶天立地的男子汉，但他偏偏热爱着软笔和万里江山的国画。他说："是我自己想学的。我一直热爱着中国的传统文化，总觉得它藏着很多奥妙。我想做个传承者。写书法越写越带劲，很享受一个人的开心，那时候感觉整个世界很安静。"我理解大志的话，写书法，胸中似散开千年芬芳，四周流动的都是墨香，而自己就融在其中。

　　我跟大志说："书画同源，可谓'诗中有画，画中有诗'。"我鼓励他要多品古诗，好的诗句要勤加背诵，这样学画与将来作画才能游刃有余，意蕴深远。

　　这个很谦逊的孩子，认真记下我说的话，并向我道谢与致敬。我们分开时，大志仍然是深深一鞠躬。我目送大志的背影，如同仰视正在成长的一座秀山，不觉幸福泪目。

第七章

孩子们的友谊

## 1. 男生，女生

校园里如果缺了孩子，那定如荒野；若只是同性别的孩子聚集在一起学习和生活，也定如四季少了夏冬或春秋。

### 女生眼中的男孩子

他叫兮兮，一次课间，我问女生们，你们有特别喜欢的男孩子吗?

"兮兮！"二十几张小嘴，竟然喊出同一个名字。

这究竟是一个怎样的男孩呢？先听听女生们的叽叽喳喳吧。

原来第一是因为兮兮学习特别好，第二是因为他很爱笑，第三是因为兮兮特别守规矩。

我问守规矩特指哪一方面？

女生们又一次异口同声地回答："他不欺负女生。"

"对，他温柔。"

"哈哈……"我的周围一阵大笑，说温柔的那个女生急红了脸，懊恼地说："就是温柔嘛！他从不打人，从不骂人，从不对女生搞恶作剧。"大家不笑了，其实也没有笑话她的意思，只是孩子渐渐成长，对有些词语比较敏感。

原来守规矩是所有女生对男生的"规矩"。恰恰分分特别遵守，更加被女生们视为"班宝"。

### 男生一："讨人厌"的跟屁虫

我问："怎样的行为算是欺负女生呢？"

女生们七嘴八舌："朝我们吐口水。""他们常常动手打人。"她至今回想起还是很恶心的模样。

我问："疼吗？"

女生们说不太疼，说着，她们都笑了。我趁机问："你们很讨厌这种行为吗？""不会。"其中有不少女生竟然说："挺好玩的，不讨厌他们这样做。"这令我很奇怪。

我问为什么？女生们说："他们不敢使劲，都是闹着玩的，他们轻打我们一下，就会跑掉，然后一群女生一起追他。看他狼狈的样子，我们还觉得很好笑。我们把他逼到一个小角落，看他假装求饶，我们就一人一拳'报复'他，让他长记性。"

"哼，他们是永远不会长记性的，下一个课间照样会干扰我们。"一个瘦高个女生说。看来，她是深有体会啊。

这群女生集体控诉的样子很可爱，她们表面生气，其实内心很愉悦，女生群起而攻之，绝对是上策，用团队力量去"震慑"调皮蛋们。我仿佛看到一个"抱头鼠窜"的男孩子，被追到墙角的样子。

我不由得笑出声来。女孩子们也跟着笑起来。

我说："我懂得了你们的'不担心'和'不讨厌'了。那也是你们男女生友谊的另一种表现。校园里少了打打闹闹，还叫什么阳光快乐呢？"

"谢谢茉莉老师的理解哦。"

"您最懂我们了。"一个个嘴巴好甜啊。

### 男生的"恶作剧"

我们的谈话被上课铃声打断了。我约她们下一个课间再来。

课间，女孩们如约而至，且又增加了好几个。看来，她们对男孩子的话题很感兴趣。

我问大家，男孩子们都有哪些小恶作剧？女孩子们又争着说。我挑了一个举手最高的女生。

"画画时捣乱。他们会突然拿起一支笔，胡乱画几笔，就跑了。我好不容易画好了，居然被他们破坏了。我就想打他，可是想想他们常常这样做，就是逗我们玩，也就不生气了。"

"我们聊天时，他们也跑过来插嘴。"

"还会朝我们翻白眼，可讨厌了。"

"还躲在墙角吓唬我们。太可恶了。"这个瘦黑的女生"愤恨"地握着小拳头。

听到女生们的"控诉"，我有时会笑出眼泪来。

男孩子的调皮可谓五花八门，非得把女生惹恼了不可。即使自己被追得满教室跑，也是不长记性的。

我听着男孩子们的恶作剧，再次笑起来。

时间总是溜得那样快，尤其是在愉悦地聊天时。上课铃声再次响起，我们的聊天只能等下一次课间。

### 男生"不约而至"

真没想到，大课间，他们班的男生结伴来找我，非要谈谈女生的那些事。

我太开心了。因为他们信任我，所以才敢走近我。

"你们有什么要'坦白'的吗？"我逗他们说。

男孩子们果然豪爽，都哈哈笑起来。

"茉莉老师，我先说，我先说。我们都不是坏孩子，都很善良。"

我又一次开怀大笑，这个机灵鬼，先给男同胞们下了个美好的定义。

"那就说说你们'善良'的恶作剧吧。"我清楚这群男孩子定是知道了女生来找我聊他们的事。

"比如下课玩打卡纸，故意离某个胆小的女生近一些，发出'砰'的声音吓唬她，其实只是逗她们开心。"

我说："那会不会被吓哭呢？还是真的开心呢？"

他们都说不会吓哭，就是被追着打。

"玩躲猫猫，我们男生就故意躲在门口吓唬女生。每次听到她们'嗷'的一声，我们就特别开心。她们就会追着把书扔到我们后背。"

"要是谁跑不过她们，那可就惨了，所有的气都要他一个人受。但过后我们也会感谢他，安慰他。"

"女生玩的是休闲游戏，比如，聊天、画画、抓人、看书、下棋、翻花绳，我们很好奇。"

我笑着说："人家女生聊天时你们插嘴，有时学狼吼、翻白眼，还会故意撞人家几下跑开？"

男生们笑起来，说："她们找茉莉老师告我们状了。"

我笑着问："你们还做了哪些老师不知道的，赶快'坦白'哈。"

果然，又问出许多更真实、有趣的故事。

### 故意让她们追

"还有，就是女生们在一起玩的时候，我们就不停地打断她们，其实就是想让她们追我们，我们就闹着玩。"

我愣了，然后笑了，男孩子们也笑了。原来这就是男孩子们心中的小秘密，多么充满童趣啊。

"茉莉老师，我告诉你个好玩的事，就他。"这个戴眼镜的小男孩指向一个矮个子男生说，"他特别会卖萌。"

我特别感兴趣地听着。

"我们不是常常被女生追着打闹吗？他被女生打了某一个部位，就故意表现出很痛苦的样子，嘴里还说着'哎呀，好疼'。"眼镜男孩边说边模仿，逗得我笑出了眼泪。

"是的，茉莉老师，您是没看见，那时，他比女生还女生。"

"不光他那样，我们不都是这样吗？"

男孩子们都不好意思地笑了。

假装"撕书"

我问他们还有什么调皮的事。他们说吓唬女生撕书的事，我不明白，他们就给我讲。

"女生在课间看书，我们就派一个人慢慢走近，然后突然把书抢走，一群男生都跑到男厕所。看到女生来追我们，我们一边翻着白眼，吐着舌头，还故意装作要撕书的样子，吓唬女生。"另一个男生接着表演："吓唬她们，再走一步，就撕坏。其实我们都是假装的。"

一个又高又壮的男生说："可是女生早就不信，我们常常这样做，她们都不以为奇，一直站在男厕所门口，挑衅我们。"

"她们知道，上课铃一响，我们非出来不可，她们好继续追打我们。"

这一个课间，我不知笑了多少次。我说："知道要被追着挨打，还要不断地做，为什么呀？"

"因为我们想融入女生的生活，一起玩。"

原来如此。

男生女生以这种"打打闹闹"的独特方式，热闹了校园、唤醒了楼道、笑响了班级，一种生命的调皮与灵动就在空气里活泼地流动着，唱响着。而彼此融入，不正像两座山间汇聚成的一条清清亮亮的小溪吗？一路欢歌，结伴翻卷着可爱的浪花，与两岸对话，向着生命更深远处奔流。

"好脾气的他"

闹中有静，在这些调皮蛋们中间，还雪藏着一个安静的男孩。他就是班长大伍。女生们把他当作"闺密"。我问他哪里好。女生们又叽叽喳喳说了起来。

"大伍从来不做恶作剧，他很安静。"

"他很善良，从来不打人，而且很乐于助人。他常常借给我们东西，很有爱心。"

"平时都是我们'欺负'他。"

我赶忙问："你们都是怎么欺负他的呢？"

"就是闹着玩的。比如，打他一下，因为我们知道他不会还手，不像其他男生必须报复一下。"

我说："如果让你们比喻一下，怎样形容他合适呢？"

灵灵说："我们把他比作一片森林。因为我们女生有时比较闹，像小鸟一样，叽叽喳喳，飞来飞去。"

"对，大伍就像森林之王，他很有包容心，又耐心，永远不会厌烦我们绕着他飞呀、转呀的。"

"他戴着近视眼镜，有时候，我想摘掉他的眼镜。他会温和地说：'如果不近视，我不会戴的。'言外之意就是如果眼镜损坏，我就看不清楚了。"

"如果我们故意拍他或轻轻碰他一下，他会抬头笑笑然后继续认真写作业，他永远有一颗善良包容的心。"

女孩子们乐此不疲地用"善良、包容"这些词语形容大伍，这样纯真的友谊令人向往，这样的男生也倍加让我们欣赏。在喧闹的小世界里，大伍温柔地接受所有的回馈。他如同她们心灵的栖息地，在这里，她们可以肆无忌惮地放飞自我，感受自由、快乐与包容之美。

### 聊天真好，重新认识你——皮皮

除了大伍，她们谈论的焦点还有皮皮。女孩子们说他是"门卫"。因为他太调皮，老师只好把他放在最后一排，单独一桌，背靠后门。

平日里没有人与他交流，但这一次课间聊天，我特意叫了他，还约了几个男生和女生。

没想到，平日里不受重视的皮皮，在本次交流中不断举手，争着回答问题，而且每一次都能准确、认真、生动地说出每个伙伴的优点。这令所有伙伴感到惊讶。我欣喜极了，终于可以让大家重新认识他、重视他、欣赏他了。

我趁机让伙伴们也评价一下皮皮。

"他很善于发现别人的闪光点，并不吝啬语言夸奖人家。这一点正是我们的不足。"

"重新认识了他的可爱、真诚和善良。以前不搭理他，觉得他是差生，是我们错了。对不起。"小姑娘说完，还侧身面向皮皮微微鞠了一躬。

皮皮激动得两手无处安放，最后竟然憨厚地使劲鼓掌。大家的掌声也渐渐响起来。掌声，是把钥匙，打开了彼此的心；掌声，是束光，照亮了彼此的心。让每个孩子都享受友情和集体温暖，班级才能和和美美，个体思想与心灵才能丰盈和健康。

### 男生眼里的美好女生

与男孩子们聊天时，他们畅所欲言，这种交流氛围最好，可以让我聆听到最真实的心声。

我问："你们喜欢交往的女生都一样，还是各有不同呢？"

这一问，立刻引起极大反响，男生们争着说欣赏的女生特点。

"我愿意交往学习好的，她可以辅导我功课，因为有时候听同学讲要比老师讲更放松，更学得进去。"

"而且还要很优雅，还要长得好看，比如班里的×××。"小西说。

其他男孩都笑着指着他，小西一点儿不觉得尴尬，他无比认真地说："难道不是吗？这是很接近完美的形象啊。好看，优雅，电视剧里的女主角就是这样的。我妈妈就这样，优秀的东方女性。"说完，还模仿妈妈的走路姿态。这一下，我们简直是捧腹大笑了。多么真实有趣的小西啊。

亮子说："茉莉老师，我喜欢不打人的，爱搞恶作剧的、活泼可爱的女生。"

"是的，老师，他平日里常常被女生追着打。"

亮子耸耸肩，笑了。

我问一个高个子男生："你喜欢与什么类型的女生交往呢？"

他腼腆地说："不要自闭的，非常萌萌哒的，最好头发长一点，一看就是女孩子，性格就像活泼的小兔。"

我问原因，这个男孩说："因为我比较安静，就像一个不太流动的池塘，如果没有活泼的小鱼儿，这个池塘就死沉沉的了。"

谁能想到这些只有 10 岁左右的孩子，会有如此丰富、奇妙、有趣的思想呢？这还是那些平日里或瞎闹腾、或被误认为沉默愚笨的男孩们吗？每个灵魂都很精彩，坐下来谈谈，真好。

### 女生眼里的美好男生

女生的偏爱也很有趣。一个女孩说："我喜欢交往比我矮的男生，因为长得高的男生会用手压我们女生的头。"

性格温婉的灵灵说："我喜欢个头比我高、性格比较温和的，因为可以保护我、包容我。"

我笑着问："你的爸爸性格很温和，对吗？"

灵灵使劲点头。家庭中，父亲伟岸又踏实，柔和又刚强的形象会深深影响女孩，她们的交友标准也会倾向于父亲的性格特点。

班长晚晚说："我喜欢学习好的，因为我自己就很爱学习，这样我们可以共同努力，一起进步，我觉得学习非常有趣。"

这是一个特别热爱学习的女孩，各方面成绩优异，对玩伴的选择也遵从自己求知的渴望。

大大咧咧的琳说："我喜欢比较搞笑的男生，因为我的性格就很阳光、开朗，当然，也得学习好，可以帮助我进步。"

此时，瘦瘦的雯反驳说："我更喜欢包容的，他可以学习不好，但是他必须懂得谦让我。"

女汉子红红说："老师，我喜欢比较聪明的男生，我就可以与他一起下棋，进行智力比拼，感觉很过瘾。当然，如果他喜欢唱歌那就更酷了，我们可以一起赛歌。"

柔声细气的倩说："因为我不爱热闹，又善于思考，性情温柔，总想生活在诗意里。如果有一个喜欢诗词又不暴躁的男生与我一起学习、玩耍，会很好啊。"

我为这些 10 岁的女孩感到自豪，她们能比较客观地分析自己，并思考和选择可以与之共同进步的同伴。

正因有了有趣的男生和美好的女生，校园生活才鲜活了。他们如同两种最和谐的色彩，单独看很鲜亮，融汇起来很斑斓。

## 2. 当男孩子很酷

下午与男孩子们一起聊天。我问了一句："如果有来世，你们还会选择当男孩吗？"

孩子们愣了几秒，然后大声说："是……""当然。""永远。""三生三世。"

一个男生反问我："茉莉老师，你呢？"

我笑笑逗他们说："或许会尝试来世当男生。"

"哈哈……"孩子们笑了。

我远远没有想到男孩子们如此热爱自己的性别，于是他们与我畅聊当男孩的各种优势与自豪。

"当男孩多好啊，茉莉老师，你看国庆大阅兵多带劲啊！"

说着，小家伙突然站直身体，端好姿势，大声说："标兵——就位。""咔、咔、咔"开始走正步，然后一个立正，绷直身体喊："敬礼！主席好！为人民服务！"大家被他逗乐了。

"可是女生一样当兵啊，巾帼不让须眉呀！"我故意反驳男孩子们。

"有当绿叶的勇气，也非男生莫属。多伟大的奉献精神啊。"大个子男生说。

真没想到，这些孩子的语言如此有趣。真喜欢他们坦荡的性格。

男生们与我畅聊各种兵种，听得我惊讶和暗生佩服。对国庆节的热情如火种撒在孩子们心中，为国效力、为人民奉献的精神也根植在小小的胸膛里，爱国情怀在孩子们的话语里自然流淌。从兵种到各种兵器，从情不自禁地表演到模拟展示各种武器的使用，他们讲得热火朝天，我听得目瞪口呆。

有个男孩子因为表演能力不佳、语言表达不畅，干脆跑回教室，拿来一张纸和笔，就画出十几种不同的枪。我实在记不住，就自嘲说："看来，茉莉老师下辈子还做个女生好了。"大家笑了。

我问这个画画的男孩叫什么名字，他说叫"恒恒"，他的爸爸是军人，自己的梦想就是考军校。我鼓励他一定行，并告诉他，口才表达也很重要，平日里要多抓住课堂交流的机会，主动要求为同学们讲讲军事知识等。他懂事地点点头。

男生们认为做男孩更快乐。有一个瘦瘦的男生说："将来我一定要生个儿子，继续我的男子汉梦。"大家哄堂大笑，他却一本正经地说，"怎么了，多一个男子汉，多一个人保家卫国。我的老爷爷就是抗日战士。"我向他伸出大拇指，这个瘦小的身体里藏着男子汉的霸气和硬气。

看来，今日男孩子们的话题绕不开"军人"的豪气了。铃声愉悦地响了，好像格外清亮，大概也在为男孩子们的勇气唱响吧。

### 3. 男孩，这样和解矛盾

大课间，与几个五年级的男孩聊天。

我跟他们聊起女生之间矛盾和解的方式，比如，互相打几下，由重到轻；悄悄送对方一个小物件；写一张小纸条；从身后蒙眼等。男孩子们听了觉得很有意思。

我问他们："男孩子的矛盾和解方式与女生不同吗？"

他们争着说："不一样。""没有那么多小情调。"

我问他们如何和解。男孩子们说："我们有两三种吧。"

"第一种，有了矛盾，第一天互相不说话，谁都扛着不理谁。等到第二天，我们就都忘记了，又混在一起玩。"

我特别喜欢"混在一起"这个描述，那是男孩的一种胸襟，忽略昨日的小瑕疵，拥抱崭新的"老朋友"。一个"混"字，品出了他们摸爬滚打的无拘无束，忘了上节课被老师批评过，忘了上一秒的尴尬与小愤怒，忘了你曾是我发誓不再交往的"仇敌"。

我问第二种和解方式。瘦高个男生说："比如，我跟某个同学闹矛盾了，我就会带着一群同学故意追他，然后让他很快融入我们的队伍中，接着就一起玩。"

我感动于男孩子的粗中有细，伤了心，无须言语表白和细腻动作，而是用一股雄浑的力量去融合一脉细流，汇成欢乐自由的大河奔腾向前，既自然，又了然。

当然也有性格温和些的男生，他们就用第三种和解方式。比如，利用家长的手机，给对方伙伴发个道歉短信；在 QQ 上留言致歉。这样避免了见面的尴尬，第二天就重归于好了。

他们总是喜欢称呼对方为"哥们儿"，说这样觉得硬气，男孩子就是钢做的，得坚强，得大方和大度。他们的和解，凝聚着力量，也不乏宽厚和柔和。他们是酷的，更是可爱的。

## 4. "花"和"草"的友谊

晨晨与涵涵，站在一起很和美。涵涵头发有些自然卷，说话轻声细语的，是个性格温和的女生。而晨晨的眼睛会笑，闪着星星的光。

晨晨说："我们俩都喜欢笑。"我也笑着说："爱笑的女生运气不会差。说说你们的美好友谊吧。"

朋友看朋友是透明的

涵涵悠悠道来："开学时，我们第一次见面，都有些害羞，不知道该怎样和对方打招呼。后来，我们不知不觉就在一起写作业，一起玩游戏。"

有些友谊就是这样悄然发生的。如今，她们的友谊开出美丽的花朵，且根系发达，汲取营养的能力在友爱中渐渐增强和广布。我似乎还看到无数个花蕾在等待绽放，还有无数个花苞在枝头孕育。

晨晨夸涵涵聪明。涵涵夸晨晨是女汉子，可以保护她。有一次，涵涵被另一个调皮的男生欺负了。晨晨就勇敢地站出来，用狮子吼声把那个男生吓跑了。但生活中的晨晨坦言自己属于温柔型，只是看到好朋友"遇难"会激发起女侠的斗志。我被她的幽默逗乐了。

### 她们的小秘密

每对女孩之间都有小秘密。这秘密如她们的宝贝，不能被妈妈的目光发现。

我问两个女孩究竟有什么秘密。两个女孩子说一起偷偷报名参加学校的舞蹈排练，没有告诉妈妈。

我问原因，晨晨心直口快地说："我爸爸妈妈只看重我的学习，不想让我和同学玩。可是他们关不住我的心。我想念同学，愿意和同伴们在一起。尤其是和好朋友一起参加活动，可以互相鼓励，那种感觉超级棒。"

"是的，我们俩情况差不多。大人都是那样，只要考试好，他们的心情会像太阳。"涵涵说。

我问："如果爸爸妈妈最终知道了，你们怎么解释呢？"两人几乎同时说："就说是老师选我们的。"说完两人相视一笑，很有默契。

我问她们"友谊与竞争"的问题。两个孩子说她们常常一起默默比赛，有时也直接向对方提出挑战。

"如果说友谊能够调剂人的感情的话，那么它的另一种作用则是能增进人的智慧。"我被她们的友谊吸引了。

涵涵说："上课前，我们约定好，看谁听讲认真，回答问题多且准确。"

"下课时，我们比赛谁跳绳更厉害。""写字课上，我们要比比谁写得好。"

真正的友谊是互相激励。

我问她们会在私下里谈论某个学生和老师吗？

她们不好意思地说，谈论最多的是茉莉老师。我很意外，也很好奇两个小伙伴的聊天内容。

晨晨说，她们和大家喜欢茉莉老师，因为老师很温柔，懂孩子的心，尊重被其他老师忽视和冷落的孩子。

涵涵说："您在我们班上课，讲桌旁一直单独坐着个女生。您讲着讲着就走到同学们中间。后来，您一回头发现那个女生在看着您的背影听课，您就赶紧说了声'对不起，我应该让你看到我'。然后，您就转身大步走向了讲台，还微微欠身向她致歉。"

我惊讶于涵涵如此细致入微的观察与精准描述。的确，尊重孩子很重要，你可以"俘获"童心，童心也会净化为人师者。

### 朋友是另一个自己

我问她们对未来的构想。

晨晨期望上中学时还能和涵涵一起玩。如果不在一个班，课间时也要跑去看一眼。

"跑去看一眼"再次打动了我，朋友是另一个自己。

"你们俩有没有想过更远的事情呢？"

涵涵说："等我们高中毕业了，一起考上理想的大学。这样长久的目标会给我们俩巨大的动力。好像我们中间有个巨大的魔法，也好像一根无形的线，永远在牵着我们。"

### 花和草的友谊

晨晨说她们的友谊像花和小草，花是小草开出的花。我问谁是负责生长的草？晨晨说她是那一株小草，她会努力汲取养料，保护涵涵。涵涵会努力开花，长得漂亮，一起在风中跳舞。

这个比喻只有她们俩最懂，只适合于她们俩。一个努力扎根，一个努力开花。无怨无悔地奉献与支持，友谊的可贵正是如此。

涵涵说她们会永远在一起，就算结婚了也要常联系。晨晨补充说，还要让她们的宝贝互相认识，也成为像她们一样的好朋友。晨晨还意味深长地说，楼房要买在一起，对门最好。如果老了，彼此有照应，还可以一起结伴去旅行。

两个 10 岁大的孩子竟然有这样长久的打算，真是难得。那时，她们正如我的年纪，定会经历许多磨砺，对友谊的感悟会更加温厚和深远。

## 5. 我们是闺密

小玉和小菡是亲密无间的朋友，小玉强调，称两人关系为"闺密"更合适。我问为什么？小玉说："朋友几秒钟就可以结交一个两个，但闺密，不需要太多，一个就很好。"

### "谁才是真正的朋友"

"小玉，你觉得朋友和闺密之间最大的不同在哪里？"我问。

小玉说："一开始我常常试探她们，给她们好看的或好吃的，她们会跟你玩得很好。时间久了，没有那么多好的物品联系着，关系就没有那样亲密了。"

小菡说："还有，我跟小玉吵完架，一转眼就好。但是我跟别人吵架，得四五天才会好。"

小玉说："跟她们需要找机会解释，心里挺累的。但是跟闺密不用，一个动作就知道互相错了。"

我欣赏两个女生的直爽，问："两人吵架，怎样做到你们说的瞬间和好呢？"

小玉说："我们就互相拍打对方。比如，我先用点力拍她一下胳膊。"边说，两人边默契地表演给我看。小玉接着说，"然后她再打我一下，打来打去，越来越轻，越来越轻，最后，我们就互相歪着脑袋看对方。"

"为什么越来越轻，越来越轻呢？"

"因为越来越不生气，一次比一次原谅对方多一点。"小菡说。

"最后的情境让我来猜，好吗？"我说。

她们点头看着我表演。

"由重到轻互相拍打对方，然后四目相视，最后两只小手拉在一起，像钟摆一样摇晃几下，一起去玩喽。"

两个小姑娘开心地"啪啪"拍着手掌。小玉说："茉莉老师，你真懂得我们女孩子的心呢。"

此刻，小玉说："原谅是一件美好的事情。就像我爸爸妈妈吵架时，我会偷偷拿两个人的手机，替他们互发短信'我错了，我错了，我错了'。然后他们的脸色一次比一次要好，越来越原谅对方，就和好了。我偷偷乐，然后会偷偷哭。"

这真是一个善解人意的女孩，乐与哭都是因为爱。

我夸小玉，爸爸妈妈有你这样的女儿好幸福啊。小玉笑了。

小玉说，她与小菡，就像树和叶子。她是树，小菡是叶子。小菡少语少言，点头微笑说："我很多时候会依附她。"我能想象到两人的相互扶持，一个高大一些，可以护佑另一个。小玉和小菡大概就是这样的，她们觉得这样的相处方式很舒适、自然，就是幸福和快乐的。

## 6. 小翔，你少说点话

高高和小翔是好朋友。两人志趣相投，比如都爱唱歌，一起进了合唱团。在日常训练时，也是互相帮助。

两人从没有争吵，只因一个爱说真话，一个爱听真话，彼此理解和尊重，好似两个成年人。

课间，两个孩子来找我，跟我说起写信的事。

信是高高写给小翔的。

高高说："最近我们排练合唱很辛苦。本来我们的嗓子需要保护。但是我看到小翔在训练间隙，总是不停地说话、说笑。结果到排练时，他有些力不从心了。所以我就给他写了一封信。"高高很善于共情，他没有当面指责朋友，而在事后用写信的方式，关爱与提醒小翔。

我不禁佩服这个 10 岁的孩子。

他站着时，也是两手贴紧裤缝的，像极了军人。他的言谈举止都透出干练、沉稳，做事又不乏细腻，良好的自律不仅成就了他自身的进步，更带动了朋友。

我问小翔："你收到信的时候，有没有惊讶高高的认真和细心呢？"

小翔的眼圈已经红了。他说："没有想到他既考虑到我的面子，又不忘我的成长。我……我特别特别感谢他。真的。"

我拥抱了一下小翔，相信他的肺腑之言。我说："真正的朋友是需要带一点光芒的，它或许刹那间很刺眼，让你感觉不敢正视，怕晒出自己的缺点。但这种真诚可以真正地温暖和照亮你。"

我让小翔评价一下心中的高高。小翔思考了一会儿说："他既聪明又稳重，他对我很重要，是我想一直追随的人。不论初中、高中在不在一个班，都不会断开。"说完，两个男孩子相视一笑，眼里盛满承诺和信任。

"不会断开"，正是"人之相知，贵在知心"。正如希罗多德所说："世界上没有比一个既真诚又聪明的朋友更可宝贵的了。"

高高和小翔，就是这样的孩子，是可以温暖和厚重对方的那个人。

## 7. "幸福"就像照在阳光里

他叫丘，三年来总是被安排在教室最后一排，一人、一桌、一世界。他有时随意躺在地上或趴着，但从不打扰别人。那个世界是孤单的。

上周去他班里上思政课，他没在。过了十几分钟，丘捂着左脸回来了。手一直不放下，似乎疼得有些抽搐。我问他怎么了。他说牙疼得厉害，的确是，左边脸肿了。

丘默默回到自己的座位，无精打采地趴在那里。我很心疼，想让他感受到温暖与爱。

我跟孩子们商议，每五分钟让丘换一个座位，从左往右挨着轮换。孩子们非常懂事。丘如梦未醒，不知所措地看着我。我示意第一个男孩子站起来，两人交换座位。丘在新的座位上坐下来，右手背绷直，平放在桌子上，左手依然痛苦地捂着脸。我继续上课。五分钟时间到了，丘换到了新的座位。

这个位置真好，暖和的阳光照在他身上。不知何时，他早已放下了捂着脸的手，双手相叠，坐得笔直。我表扬了他。丘获得了热烈的掌声。这是他三年来听到的最触及心灵的声音，会刻在他的心墙上。

课堂在继续，换位活动正悄然进行着。这次换的位置恰巧是空位，小主人请假了。过了几分钟，我再看丘时，觉得有些不对劲。临近一看，那个空位没有凳子，他为了保持良好的坐姿，一直半蹲着与大家持平。这是伙伴们口中那个"一无是处"的孩子吗？

我动情地跟孩子们说："孩子们，没有人会一无是处，他总有你看不见的善良藏在哪里，只是你们没有给他机会。我问一下，他的东西掉了，你们经过他身边时，是如何做的呢？替他捡起来的请举手。"

一片沉默，一个也没有。

"有趁势踢一脚或踩一下的吗？如果有，请你们在举手前先闭上眼睛，避免被看见。"

孩子们都闭上了眼睛，我不愿看到有举手的孩子。但遗憾的是，一个、两个……十几个。

"孩子们，放下手，睁开眼睛吧。善待他人，就是为自己搭建友谊的阶梯。真诚、互助、友好就在你的一念之间。"

课间，我问丘，每次遇到这样的事，他是如何想的、做的？丘问："可以说实话吗？"

我点点头。

丘说："自己捡起来。心里气愤，会发狠，一定给他们使坏，让他们受到惩罚。"

"真的那样做了吗？"

丘摇头说："没有，都是自己说服了自己：那样做不好，他们会更讨厌你，更认为你是个坏孩子了。"

"你感到不快乐，对吗？"

丘点头。

我问丘："你现在可以回答幸福的感觉了吗？"丘想了几秒说："是不是就像我照在阳光里？"我微笑着点点头说："是。那就是。"

丘扬起脸，闭着眼，吮吸了一下。我相信，他闻到了阳光的味道，理解和感受到了幸福的滋味。

## 8. 粉红与橘黄的友谊

男生和女生各有各的校园生活气息。其中，女孩的故事总是色彩感强烈。

比如我今日约聊的两个女孩。她们的上衣，一个粉红，一个橘黄。不仅她们的衣着很暖、很亮，彼此间的友谊也是暖暖的。橘黄上衣的女孩更为热烈和活泼，粉红上衣的女孩颇为甜美和可爱。

我暂且称她们粉红女孩和橘子姑娘吧。

橘子姑娘格外灿烂和活跃。她脸上泛着光，眼里含着笑，说话时常发出"咯咯"的清脆声，如同果实上滴落的甜润晨露。

"茉莉老师，比如说啊，我什么都先想到她。我的闺密超级喜欢粉色，她的世界就像是粉色酿成的。"橘子姑娘的描述浪漫有趣，与人交流，轻松畅快。橘子姑娘接着说，"闺密的房间里全都是粉色娃娃。枕头和被罩都是粉色的。进入她的房间会让人误以为闯入了一个粉色的梦。"我不禁为她的生动言语鼓掌。橘子姑娘开心地笑了。粉红女孩羞涩地笑成一朵粉红的花。

"你们的友谊也像粉色和橘黄，特别美好、温馨。"我说。

粉红女孩说："是的，茉莉老师。平时，她喜欢送我粉色的文具。如果她的爸爸妈妈给她买了粉色的物品，她会拿来先让我用，她再用。"说完，感激地看了橘子姑娘一眼。

橘子姑娘两肩潇洒一耸，调皮地歪着脑袋说："我知道，她喜欢。但她都很小心地保护，'完璧归赵'。"

我欣赏橘子姑娘的飒爽，懂得分享与珍惜友情。

友谊真是甜柔的责任。越是长久相处，越是厚重。

我笑着对粉红女孩："被橘黄包围的爱很幸福，我很羡慕的。"

橘子姑娘突然从沙发上蹦起来拥抱了我，并如大人般拍拍我的肩背说："茉莉老师，我们都很爱你。粉色、橘黄都有的，还有很多色彩呢。"

我被这个高情商的女孩暖到了。被爱的我，周身五彩斑斓。

生活中，成人世界极少有这样真挚热烈的爱——毫不掩饰，明朗鲜艳。

我不禁感动地拍拍橘子姑娘的小脊背说："谢谢你，小橘子。"

"咯咯"，橘子姑娘又是一串清亮的笑。聊天愉悦，时间也过得特别快。我们约好下次再分享心情故事。

在楼道深处，两个色彩艳丽的身影渐行渐远，但留下的是粉色的梦和橘黄的暖。

## 9. 和和与娜娜的友情

从幼儿园大班开始至今，娜娜与和和就是最好的朋友。

娜娜过生日时，和和送给她的礼物是一朵纸玫瑰，娜娜非常高兴。我问娜娜为何如此感动。娜娜说："因为她送的正是我喜欢的。"是啊，礼物送对了，就很难得。我问和和："你是如何知道娜娜喜欢玫瑰的呢？"和和说："平时我喜欢叠它们，每次娜娜都默默地看着，眼神里有羡慕和渴望。"我很惊讶小小的孩童有如此敏锐的感受力，共情真的不需要语言表达。娜娜收到玫瑰的那一刻特别激动和开心，她说："和和真是能走到心里的朋友，我感觉那次生日是过得最快乐的一次。"

一朵纸玫瑰，闻不到花香，但能让娜娜感受到和和的心意。细微处显真情。她们一起吃蛋糕时，娜娜把蛋糕里一半的面包给了和和，因为和和不喜欢吃奶油，细心的娜娜一直记在心里。

和和说："过生日时，娜娜送我一块宝石。"其实是娜娜衣服上掉下来的一颗扣子，闪闪发光，娜娜一直把它放在小盒子里珍藏。

我很奇怪，有许多礼物可以选择，为何要送一颗假的宝石"扣子"呢？

原来，娜娜发现和和的笔尖上都有一颗"宝石"装饰，觉得自己衣服上的那一颗"小宝石"很适合她，想为和和的心情加一分美丽。

和和说，她把那个宝石纽扣粘到了笔帽上，每次看到那个"宝石"，就会想到她们的友谊，如它一样闪闪发光。

### 失而复得的小球

娜娜在床底发现了一个漂亮的小球，就放到布兜里想跟和和一起玩。但放学时，发现它不见了，娜娜很失落，神奇的是，和和在路上恰好捡到了它，娜娜说这是友情的力量。从那以后，她们更认为是彼此生命中最重要的朋友。

她们互相赠送的仅仅是不起眼的小物件，但却融入了关爱与珍惜。友情就这样在互动中越来越浓厚。周末若是错过遇见，其中一个常常会坐在门口等她路过。友情有时候就是一次认真的等待。

我问如何描述俩人之间的友谊，娜娜说："跟别人玩很快乐，但跟和和在一起，最快乐。"

是啊，连孩子都懂得这一点，与谁在一起，最舒心，就是自然的朋友。

## 10. "蜗牛"与"犀牛"的友情

课间，在走廊遇见一个文静的小男孩。他规规矩矩地贴着右边行走，有礼貌地问："茉莉老师好。"这样安静的孩子，心思应该很细腻，我想听听他的友情故事。

我弯腰向他问好，说我喜欢他。他既兴奋又腼腆，嘴角收敛着激动。我问他："你有很要好的朋友吗？"他清脆地报出一个名字："有，他叫西西。"

"还记得是什么时候交上朋友的吗？"

"一年级第一天下午第一节课，我就认识他了。"他脱口而出。这令我特别惊讶。如果不是非常入心入情，孩子怎能如此珍视？

"一年级第一天下午第一节课，我就认识他了。"我重复了这句话，越发感动与震撼。从那一刻起，浩文小小的心灵有了依靠。

我逗他说："为何不是一年级第一天上午就认识呢？"

这个叫浩文的男孩认真地说："因为上午我和他不坐在一起。"

"后来呢？"我追问。

"那天下午第一节课，有人抢我的文具盒，因为我有一只漂亮的铅笔刀。我很紧张，因为那个同学比我高比我胖，我一定打不过他。这个时候，西西跑过来，对他瞪着眼睛，命令他还给我。我的文具盒被救下来了，我就喜欢他了。"那个时间段对浩文太深刻了，西西给了浩文足够的安全感。

我没有见到西西，但从浩文的描述里，他一定是高大、结实的。谈起西西，浩文如同在向我讲述一个了不起的英雄。

这个英雄的确影响了文弱的浩文，以至于他后来做了一件令班主任惊掉下巴的事。浩文把大个子揍了。

他说："到了二年级，有一天班里有个小女孩突然戴上了眼镜，一只眼还是遮住的。她以前是光着眼睛的。"我被他可爱的、孩子般的描述逗乐了。不禁问他："光着眼睛？就是以前没戴眼镜吧？"浩文点点头，继续讲他的英雄壮举。

"班里有个调皮的人，他总想看看那个女生被遮住的眼睛，总想掀开她的眼罩。他就追着她跑。女生都吓哭了。我看到了，什么都没想，就跑过去拦住他，跟他打起来。我想踹他，第一脚踹着了他的大腿，第二脚踹到桌子上，我的膝盖受伤了。后来，老师把我送到了医疗室，还说从来没想到我会打架。让我不要自以为是。"

我向他解释了老师的意思，并对他说："其实老师心里知道你的善良，只是提醒你以后遇事要冷静，不然，伤了别人，也伤了自己。"

浩文说他懂了。我笑着问："你的勇敢，是不是受了西西的影响呢？"

浩文爽快地点头。我问他："以后你还会像那件事一样冲动吗？"

浩文摇头说："应该不会了。因为西西也在变样子。"

我问变成了什么样子？浩文说，西西除了勇敢，变得有礼貌了，已经不打人了，还当上了纪律班长。我不禁佩服他们的班主任了，抓班级先学会了解孩子的个性特点，并人尽其才，各司其职。

现在浩文更加喜欢他的朋友西西了。因为西西又有了一个新的爱好，就是阅读。他喜欢读有趣的故事，也给女生讲故事，比如童话故事、成语故事。他讲的时候都很有趣，会模仿各种声音，还喜欢动作表演。我告诉浩文，那叫"肢体语言"。浩文重复了一遍，顺便做了一个可爱的动作。

浩文对西西很崇拜，连我都心生敬意了。

"他也喜欢画画，有时候我不会画，他都会教我。他还会教小女生保护自己。比如，有人打她，要及时告诉老师；女孩要远离陌生人，不能一个人走小路；不贪吃，不给陌生人带路；遇到坏人及时用电话手表联系家长或打110……。"我听着浩文的讲述，觉得西西正站在我面前给我们上"安全教育课"，对西西的敬佩油然而生。一个小孩子懂这么多，责任心如此强，老师选他当班长很是智慧。

我问浩文，你和西西像什么小动物呢？浩文说："我是蜗牛，他是犀牛。"

我问为什么这样形容。浩文说："我是慢性子，温和。西西偶尔脾气会暴躁一点点，有些像犀牛，但他现在是一头守规矩的犀牛了。因为我的慢性子会影响他变得温和。"浩文对自身的认识、对朋友的了解那样准确，让我更加喜欢他。

浩文与西西彼此包容小缺点，也能坦陈自己的不足，且能悦纳对方、相互欣赏。他们互相赢得信任与友爱。

## 11. 七朵小花和"姊妹桥"

课间总能看到关系要好的孩子形影不离，无论是女生还是男生，大都两两相随。

开学后，我搬到四楼，接触到不同的孩子，会看到不同的风景。四楼楼梯转角处比较宽敞，于是这里就成了孩子们课间嬉戏之地。引我驻足的不仅是他们的笑声，还源于游戏内容和不变的人数——七个小女孩。

我问这游戏的名字。她们开心地说玩法是集体发明的，但名字暂时还没想好。我说："那就叫'姊妹桥'吧。"七个女孩相视一笑，愉快地点头拍手称好。"好啊好啊，我们本来就是好姐妹。""这个名字太好了，只有姐妹连心配合，才能成功搭桥。"大家兴奋地议论着。孩子们没想到，一个不起眼的游戏能受到关注，还有了自己的专属名称——姊妹桥。

"七朵小花"兴奋地跟我说着游戏的由来。我兴致浓浓地猜测着游戏规则。

"居首位的应该是这位同学吧？"我指着姐妹中最高、最壮的一员说。小花们直点头。"最后搭桥的，大概是她吧。"我指着其中偏瘦小的女孩子说。小花们再次开心地拍手称是。之后我认真聆听了她们的游戏规则：要连成姊妹桥，选好了第一个和最后一个"桥墩"，中间的就随意了。"搭桥"时，第一个人必须把身体紧贴在墙角处，上半身挺直，两腿弯曲，与地面呈90度，以便支撑下一个"桥桩"。其他女生照此而做，身体半躺在前面同伴的腿上。

这个游戏在旁人看来很是危险和吃力，但参与其中的人极为享受，神态愉悦，两只胳膊随意耷拉着，可畅快地笑、说，如同躺在绿色草坪上一样。这座特别的"小桥"正沐浴着窗外的阳光。围观的人不仅羡慕她们的"搭桥技术"，更是羡慕七姐妹的亲密无间和团结信任。若无高度的默契配合，真的难以达成。倘若有一个环节出现了问题，"整座桥"就会"垮塌"。七朵小花很注意个体之间力量的协调和均衡，从开始搭建，到中间的连接，至最后完美呈现，都那样和谐、自然和灵活。当桥身"解体变形"时，末尾瘦小的女生最先轻巧侧转，接着一个个姐妹如小燕翻飞似地还原、起身。刚才的一座姊妹桥，瞬间又解体成了活泼可爱的个体，伴着上课铃声，如燕儿般欢愉牵手而去。

午读时，七朵小花来找我聊天。她们一字儿排开，如同归来的燕群，小手或搭肩，或勾手，还一晃一摇的，你贴着我的左肩，我靠着你的右臂，亲密无间，令人感动。

"想过离别吗？有谁想过这个问题呢？"我问。

没想到，七只小手全部举起，女孩子们面面相觑。或许，分别的场景多次出现在她们各自的脑海里，只是没有一个人忍心说破。

"成长伴随的不仅是快乐，还有伤心。分离也是成长的一部分。"孩子们若有所思地聆听、点头。

"若是你们长大了，有什么期待吗？"

女孩们瞬间兴奋起来，叽叽喳喳地抢着说。有的说："就是长大了，有了自己的家，也要常常聚会在一起。"

"那可是一支庞大的队伍哦。"我打趣说。

"我们要让自己的小孩也在一起。"大家哈哈笑了。此刻没有拘谨，只有美好。

"茉莉老师，我还想到我们老了的时候，七个老太太都没了牙、瘪着嘴，嗯嗯，就这样，"中间的女孩边说，边表演着，逗得我们捧腹大笑。"也要在一起。"我笑出了泪，既开心，又感动，如此长久牢固的友谊，如一根无形的线，把七个小姐妹的心连在一起。

"有人嫉妒你们的友谊吗？"

"嗯嗯，是的，是的。"

"比如呢？"

"某某故意在我面前说她的坏话。"扎着马尾辫的女孩指着身旁粉色衣服的伙伴说。粉色的小花很是惊讶，看来这件事马尾辫从未跟她说过。

"其他人也有类似的情况吗？"大家不约而同地点点头。看来，孩子们的世界也不平静啊。

"你们是怎么处理这种问题的呢？"

"不听不信，做朋友只跟着自己的心走，这是尊重。这样友谊才会持久。"

"要相信自己的眼睛，不能轻信别人。"

"我们是朋友，也是姐妹，不是随便就被破坏的。"

"对于挑拨离间的人，我先是听和保持沉默，如果她再多说坏话，我就会郑重地警告她——闭嘴。"

我很感动，也钦佩她们之间的这种信任与尊重。

"我们之间有了小矛盾，不能跟第八个人说，不然就会混入看热闹的人。"

"那如何解决小矛盾呢？"

"把其他姐妹都找来，然后说出来，让大家都知道，互相宽解，就好了。""有时候也不用惊动大家，两个人之间就能慢慢好了。"

"慢慢好了"，这是多么柔和的方式啊，没有记恨，只有和解。这才是小孩子的友谊，"朝露待日晞"，如同晨间的露珠，晶莹透彻，在友谊的阳光照射下，渐渐化为爱的气息，融进彼此心间。

## 12. 三人行

最美好的关系莫过于信任与守候。

小龙，阿泽，楷楷，他们同级不同班。在二年级秋季运动会有缘结识，成为朋友。他们共同的爱好是跑步。

小龙说，二年级运动会时，三人一起报名跑步，体育老师每次选运动员，他们三个总是胜出。

楷楷长着一双清澈的大眼睛。他点头说："是的，我们跑步无敌，同学们称我们是'三人团'。"

阿泽说："每次比赛，我们三人几乎同时撞线。真的很奇妙，跑步时的速度几乎一样。偶尔，楷楷会慢半步，但我们都像一阵风似的，整体上是看不出来的。"

楷楷说："一开始我们三个人都没当回事，后来次数多了，引起了彼此的注意。体育老师说我们三个人各有特点，都充分发挥了自身优势。"

楷楷的记忆力令我惊讶，他竟然能基本复述体育老师的评价语。

楷楷说："体育老师说我们三人中，阿泽是小短腿，刚劲有力，爆发力强，步伐很快，就像一枚小炮弹，打出去速度很快。"我看了看阿泽，还真是这样的，矮矮的、壮壮的，很可爱，好像一个超有能量的小宇宙。

楷楷继续说："小龙个子最高，大长腿一步能迈很远，跑步姿势规范，而且小龙跑步时面部肌肉很放松，这会使他节省很多体力。更重要的是他始终保持臀部在身体的正下方，这样就提高了跑步效率。"

我不禁急着问："楷楷，那你的优势在哪里呢？"

阿泽抢着模仿体育老师说："楷楷个头不高，腿不长，也没有阿泽那样壮，但臂和手摆动很自然，最重要的是他的脚尖总是自然先落地。"

就这样，三个有运动天赋的孩子因跑步结缘，成为好朋友。课间，常见他们一起玩，聊得特别开心。四年来，三人同行，成为校园中一道很美的风景。他们对未来充满了期待，一同考大学，还要一同跑步。

## 13. 我是你手足

一直想记下华阳与韶光的故事。

韶光，身有残疾，五年来，华阳一直陪伴他，不离不弃。

他们是彼此的另一个自己，情同手足。

华阳与韶光的父母彼此认识，但两个小伙伴从小并未见过面。直到上一年级时，两人恰好分到一个班。细心的华阳回家跟妈妈说班里有个特别的小朋友，走路很费劲，上楼梯更是困难。妈妈通过他的描述，告诉他，那就是韶光。

华阳心里闪过一个念头：我要成为他最好的朋友。

从此，校园里、放学时，就多了一对形影不离的小伙伴，如同光影相叠。

我常常在送完路队返校时遇见他俩，华阳陪着韶光，在夕照里慢慢走来。这是一对极有礼貌的孩子。远远地，他们会先招手致意，走近了再敬少先队礼。这是我看到的最感人的队礼，尽管韶光歪着身子，但每次他都极力调整胳膊与手的角度，努力做到最好。

每次我都会颔首致意，并从华阳手里接过韶光的拉杆箱，送他们到接送点，路程虽短，但很温暖，我常常送他们一两句励志的话，他们也都心领神会。

亚里士多德说："友谊就是栖于两个身体中的同一灵魂。"大概说的就是华阳与韶光吧。

因为彼此越来越熟悉，所以聊天也更入心。我问华阳："五年，你陪伴朋友走过风和日丽，有没有遇到压力和委屈呢？"

华阳深深吸气，又长吁一声说："有。"

"比如，我和韶光每次下楼梯，有个别同学嫌弃我们俩走得慢，就会喊'别挡道'，或者干脆把我们扒拉到一边。"说着，华阳停顿了一下，"我最担心的是背后的同学下楼太猛，会碰倒他，所以每次都很紧张。后来，我们班主任让我们尽量最后走，保证安全。"

华阳和韶光，是真正的好兄弟，情同手足，且心有灵犀，往往只需一个眼神，就能彼此领会。

韶光跟我讲了下面的事情，也是从这一次开始，两人的心贴得更近，足以抵挡全世界的冷风冷雨。

与往常一样，华阳替韶光拉着书包，在经过一辆校车时，他们俩听到了车窗内的讥笑，还有的孩子伸出脑袋，对他俩说着过分的话，甚至给他们取了难听的外号。韶光说，他看到华阳的拳头攥得紧紧的，而他自己突然感到很无力，腿像铅一样重，每走一步，都在流冷汗。他觉得自己很没用，不能正常行走，还连累了朋友和他一起受辱。那一刻，他突然想，如果自己有健康的身体，一定冲上去踹那几个男孩子。突然，华阳紧紧握住我的手，嘴角紧紧抿着，向我使劲点了一下头。我懂他的意思：忍住，就是胜利。

我深深叹了口气，眼眶里含着泪水，拥抱了两个孩子。

华阳接着说："后来，我们就养成了充耳不闻、视而不见的习惯。并告诉对方，只要手握在一起，就有力量抵抗一切。"

这样坚深的友谊，出自两个 12 岁的孩子。能不令人动容吗？我和他们约定，要更多地看到生活中的爱和奇迹。

对于未来，他们想了很多。华阳说："即使入了中学，不在一个班级，甚至不在一个楼层，我都会跑去看看他，万一他有什么需要我做的呢？"

说着，两人又默契地相视一笑。

祝愿两个孩子在变成爷爷的年纪时，还能结伴聊天，晒太阳，回忆独属于他们的温暖往事。

## 14. 做朋友，只选你

他瘦瘦的，弱弱的，独自在我前面走着。我喊住了他。一张精致可爱的小脸映入我的眼。

他叫乐乐。他的朋友叫杜杜，他们的友谊如晶莹透明的露珠。

我们的谈话就是从"最伤心的一件事"开始的。

乐乐告诉我，那一次期中考试没考好，杜杜就来安慰他。我问："是主动来安慰你的吗？"乐乐点点头。

他们的朋友关系在一年级就开始了，但乐乐说："直到二年级才选出来最好的朋友，那就是杜杜了。"我问："这个'最好'是怎样的好呢？"乐乐说，每次他有困难，杜杜总是比别人发现得早，总是第一个过来帮他。

乐乐谈起杜杜的帮助，眼里闪着光。那是生命的感动，持久而温暖。

乐乐说感动的滋味就像要哭出来的瞬间。

我问："你会当着许多人的面哭吗？"

"不是的，只选择杜杜。"

"只哭给他一个人看吗？"我问。乐乐点点头。

"不能哭给别人看，你怕什么呢？"

"因为他们会嘲笑我懦弱，不像男孩子。"乐乐说。

我问他在杜杜面前哭有没有顾虑，乐乐回答一点儿都没有，因为杜杜会安慰他，永远也不会把秘密说给别人听，也不会讥讽他。

我很好奇男孩子之间的安慰模式，就问："女生之间会用拥抱给予力量和支持，杜杜会怎样做呢？"

乐乐眼睛闪着光地说："他会给我讲笑话，一个不笑，再讲一个。有时候我会边哭边笑。"我再次感动于那个未见面的杜杜，真是个暖心的孩子。

我问乐乐："杜杜陪你一起哭过吗？"乐乐点头。他说那时，杜杜什么话也不说，只陪他一起伤心落泪，这是永远忘不了的事。

"和你一同笑过的人，你可能把他忘掉；但是和你一同哭过的人，你却永远不忘。"这是智者纪伯伦的总结。

没有真挚朋友的人，是真正孤独的人。乐乐不孤独，因为他有杜杜这个朋友，他们一起上小学一起回家。偶尔其中一个生病了，另一个会认真听课，等朋友好了，给他补课。

我让乐乐形容两人之间的友情。乐乐想了想说："像星星和月亮。"我颇有兴致地问谁是月亮？乐乐说杜杜是月亮。我好奇为什么不是乐乐呢？乐乐说："他包容我的东西很多，他的心很大，很安静。"

我问乐乐，有一天你变成爸爸和爷爷的年龄，那时的友谊还会像月亮和星星吗？乐乐坚定地点头。

聊天越多，我越惊讶。乐乐竟然说到了死亡的话题。他说："那一天，我的老爷爷去世了，大家都在哭。我突然想到了我的朋友杜杜。有一天我和他也会老，也会像老爷爷一样死去，但总会有一个先离开另一个。所以从那以后，我就特别害怕。"

我再次拥抱了这个善良的孩子。我说："害怕知心朋友离开，是很难过的事情。"

"是的，茉莉老师。从那以后，我常常会担心杜杜，如果放学后找不到他，我也会多想会不会出什么事。"

我低头看着眼前这个瘦弱的小男孩，他思虑得竟然这样深沉。我安慰他说："好朋友，就像太阳住在心里，永远不会被乌云遮住的，他会照亮你，连你们的影子都是温暖的。"

乐乐抬起头，微笑如彩虹。是的，儿童生活本该如此，鲜艳美丽和真诚。

## 15. 天空与白云

王雨和谢城的友谊，是从蹒跚学步就牵连着的。王雨说，后来，他和谢城一起上幼儿园，学围棋也在一起，之后越来越了解，就慢慢成了好兄弟。

我很感兴趣，问："为何不用朋友，而用'兄弟'这个词呢？"

王雨说："因为我们是男子汉，就要有男人的气概。"说着，还绷紧小胳膊，做了一个很阳光的姿势。

### 我是蓝天，你是白云

"如果让你们描述一下彼此的友谊，怎样描述呢？"

王雨想了几秒钟说："我觉得我们的友谊像白云和天空。"我很惊讶一个男生会这样形容友谊。

我问为什么这样比喻？王雨说："因为我们俩每周五、周末都在一起，无论刮风下雨，就像天空和白云常常在一起。"

我懂了，相互映衬，一个更蓝，一个更白。友谊的纯洁正是如此，心照不宣，不存隐晦。

"那谁是白云，谁又是天空呢？"我问。

王雨说他是白云，谢城是天空。

"你觉得天空与白云的关系怎样？"

王雨说："天空包容白云。谢城总会帮我，所以，他是天空。比如他常常会借给我文具。有一次我没带雨衣，他爸爸带着雨伞来接他，他就把雨披给我穿。"他还回忆了好多兄弟情深的小事情。

"如果放假几天不见呢？"

"我就会给谢城打电话，问他在哪里。知道了，心里就踏实了。"

不仅仅是孩子，我们大人又何曾不是呢？最牵挂，就最惦念，你若安好，便是晴天。

### 互相扶持，共同成长

我让他们评价对方。

王雨眼里的谢城学习好，跑步也快，有男子汉的气概。谢城说王雨很会安慰人。

"你们有闹矛盾的时候吗？"

两人相互对视，异口同声地说："没有。"

王雨补充说："只有在做游戏时当着别人的面争吵，但私下里都很友好。我们之间会分享一些书和玩具，当然还有心情故事。"

"有一次我考试不及格，很难过，就会跟谢城说，谢城会安慰我。他还会辅导我功课，很有耐心。"

"谢城讲得好吗？"

王雨说："他讲数学题的时候，比老师讲得要好。因为他讲得有趣，也特别仔细，我听得懂，也永远忘不了。而站在老师面前特别紧张，越紧张越害怕，就越听不懂。"

看来，许多孩子都有惧怕老师威严的心理。所以，有时对学习暂时落后的孩子，可以采取伙伴互助一帮一的方式，他们年龄相仿，沟通起来没有距离感，亲切之余，加上朋友的理解与鼓励，学得轻松、有趣。

所以，王雨愿意找谢城辅导，且学得愉悦也就不奇怪了。

谢城说，王雨很会安慰自己。我让他回忆一件事。谢城说："那一次在学校里，我和别人比赛跑步输了，很伤心，觉得自己比别人弱。王雨劝我说，这次你没有跑好，以后多加练习，就会跑好了。"他们之间彼此鼓励与安慰，很好地修复了受挫的心灵，留下了温暖美好的记忆。

### 乳名是隐私

两个男孩子在一起也会讨论私密的问题，有趣的是，他们认为小名是很重要的隐私，告诉对方小名，就是很信任的表现。

我仍然以大人的思维奇怪这件"小"事。王雨解释说："这不是小事。因为小名只有最亲的人可以称呼。我在下雨天出生，妈妈就叫我雨雨。如果别人这样喊我，就是没有礼貌了，还会觉得我的名字很幼稚，那就尴尬了。"

我认真地回应："是的，这是很有纪念意义的，小名包含了妈妈的爱，所以，我理解。"

谢城的小名叫牛牛，因为是属牛的。妈妈也希望自己的孩子能有老牛一样吃苦耐劳的精神。他同样把小名看成极大的隐私，理由很可爱。

谢城说："正好我们刚学过了一篇课文叫《牛郎织女》，如果让别人知道了我的小名，他们就要起哄，拿我的名字说事，会说我是牛郎的那头老牛。"

这不是他的多虑，之前在课堂上常有这样的事情发生。

我被谢城的真诚与认真逗笑了："是的，小伙伴有的就愿意这样拿名字做文章，那牛牛与牛郎、老牛的故事就会很长很长，久久不能消除影响。"

工雨和谢城的友谊就这样简单又有趣，它是一种温静与沉着的爱，为理智所引导、习惯所结成，从长久的认识与共同的契合而产生，没有嫉妒，也没有恐惧。如同自然相遇的两条路，然后汇聚一起，向前延展。

## 16. 天空与小鸟的友情

新新和大智，是我在换洗间偶遇的一对比较特殊的好朋友。

*"劳动结缘"*

早上，他们俩正在为班级清洗板擦。水挺凉，我很心疼他们，问了句："不冷吗？"他们的回答阳光且坚定，几乎异口同声地说："不冷。"我很欣喜和惊讶这样积极的劳动态度。

这两个男孩配合默契，个子高的新新洗抹布，稍矮的大智清理板擦。板擦被放在隔板上一下下挤着，脏水流出，大智又换新水清洁。最后，干净的抹布和清洗好的板擦各自摆放整齐。二人动作协调且娴熟，也没有太多语言交流，这样默契，怎会不是好朋友呢？

原来，新新和大智一年级时在辅导班相遇，此后就经常一起打扫卫生，比如倒垃圾、擦黑板，班级里做得最多的是他们俩。

我问他们平日劳动时会聊些什么话题？

新新说："我们会说说打扫时遇到的困难以及怎样解决。"

"比如呢？"

大智说："比如垃圾桶里常常会有些纸片粘在桶的底部，我们就会先放少许水浸泡，再用手抓出来。"新新点头。

"不觉得脏吗？"我感动地问。

"我们俩一起干很开心啊。"新新说得真诚，大智点头。

"班主任常常表扬你们吗？"

"很多时候老师并不知道我们俩做了这些。"大智说。

我很欣赏这两个孩子的无私行为，同时在思考，父母是孩子最直接的榜样，这两个孩子的父母一定懂得"正人先正己"的道理——要求孩子做到的，自己首先要做到，用自己模范的行动去影响感化孩子。

马卡连柯曾经说过，"家庭如果丧失了集体的特性，就会在很大程度上丧失它在进行教育和幸福方面的意义。"

我与新新和大智的父母聊起孩子爱劳动，无私奉献班级的事。他们的诉说也反映出两个孩子行为的答案就在原生家庭中。在实际生活中，他们的父母时时处处使孩子懂得，在家庭这个集体中，每个人既有享受的权利，又有尽义务的责任，不允许眼里只有自己而无视别人；既享受大人的关怀、照顾，同时也要去关心、照顾别人。

今天两个孩子在劳动中的幸福感，正是受到家庭教育的启发，孩子把关心、同情的范围扩大到周围的人。

新新说，黑板上难擦的是带色彩的油性笔，我们俩就把手沾水，用指肚先擦一遍，然后再用湿抹布擦一遍，再用卫生纸或干抹布擦干，以便老师一上课就可以书写。大智补充说："我们会顺便把讲桌收拾一下。"

新新继续讲："拖地时，有时拖把上的海绵会粘上许多毛毛，我们俩一人拧一头，直到把脏东西清理干净。"

我点头称赞，问："你们理解什么是默契吗？比如某件事……"

大智说："当然，当我们看到洁净的教室和干净的黑板，我们内心很愉快，我就朝他笑笑，他也恰好在看我笑。"

多么感人的画面，我好似看到一缕温和的光暖暖润在两个孩子的眼神里。

### 最高级的善良——共情

付出会收获美好，但有时也会有些小委屈。

"有一次我们为了把教室打扫干净，让老师有个好心情，在学校逗留的时间有些长，还被校长误会，受了批评。"大智说。

"心里觉得委屈吗？没有辩解呢？"

"当时觉得委屈，后来觉得校长是对的，放学后就应该及时回家，校长是为我们的安全着想。"

新新补充："在校就应该守校规，不然乱了规矩，学校安全就会有隐患。"

大智说："之后，我们没有再犯过这样的错误，甚至还会提醒其他值日的同学尽早值日，按点回家。"

中国有句古话：己所不欲，勿施于人。当孩子有了共情能力之后，更易体贴他人、理解他人，从而和他人愉快地相处，成为一个更好的人。

从小培养孩子的共情能力，不仅能够促进孩子的心理健康，让孩子成为一个善良正直的人，还能提升孩子的人际交往能力，让孩子对人际关系有更好的把握。

### 在矛盾中学会情绪管理

新新与大智的友谊偶尔也会出现小插曲，但他们都能从中看到自己的问题，还能进行反思，在摩擦中渐渐学会情绪管理。

新新说："我们俩矛盾不多，但有一次印象深刻。我们一起做数学题，两人有了不同意见，于是谁也不让地争执起来，后来我们都冷静下来，虽然谁都没说道歉，但彼此心里早已原谅了对方。"

"如果再次遇到思想或者意见冲突的时候，你们俩如何处理呢？"

大智说："后来，我们有不同意见的时候，都会平心静气地商量，不会再像上次那样争得不可开交，既伤和气又不能真正解决问题。我们从中又成长了一次，学会了控制情绪。"

新新说，他在生气时说着说着就会笑起来，慢慢让自己安静下来，大智看到他笑，也生不起气来了，于是他们就在和谐、愉悦的氛围里解决问题。

显然，新新和大智具有初步管理情绪的能力，在感性上升的同时，还能让理性及时参与进来，对情绪做出判断和调节，以利于真正积极地面对和解决遇到的具体问题。

从认识和辨识情绪，到有意识地控制、调节情绪，需要经历循序渐进的过程。正如新新与大智，他们在相处中收获更多积极的情绪体验和成功的喜悦。

我让他们描述彼此之间的友谊。

大智说："我觉得我们的友谊就像小鸟和天空。"

"那谁是天空呢？"

两人竟然都指向了对方。我笑着说："你们彼此都可以是对方的天空，也都是对方的小鸟。"

大智觉得小鸟是永远离不开天空的，他们俩的世界就是高远和自由的。"天高任鸟飞"，朋友的胸怀比天还广阔，彼此结伴飞行，又互相包容，真的是极为美好的境界。

今后的时光，愿两个好朋友友谊长存，新鲜且永恒。

# 代跋：新教育是真教育好教育

"一朵具体的花，远胜过一千种真理。"

朱永新先生发起的新教育实验，其根本宗旨是让师生过一种幸福完整的教育生活，其基本路径是开展"十大行动"。山东省日照市于2010年整体加入新教育实验，并且创造性地提出"十新项目"，有力助推了全市基础教育健康快速发展，推动了立德树人根本任务的落实。日照市岚山区也是从2010年开始实施新教育实验的，并且于2015年加大了措施和力度，通过实施"一体化统筹，行政化推动，多元化评价"的策略，强化区域顶层设计，创新推动方式方法，深度融合新教育，取得显著效果，得到广泛认可。2016年岚山区承办了全市首届新教育现场观摩会，"岚山方案"得到市教育局领导以及广大与会者的一致赞誉。岚山实验小学的金丽老师是新教育的忠实践行者，十年来，她持续学习，笔耕不辍，心无旁骛，潜心育人，走过风风雨雨，遍尝酸甜苦辣，但是，她矢志不渝，初心不改，使命永担。不论是在岚山区高兴镇中心小学，还是后来调到区实验小学，她都始终坚守新教育的理念，追寻过一种幸福完整的教育生活。新教育有一句名言，"新教育不追求分数，但从不惧怕考试，分数是对新教育的额外奖赏"。有的人担心实施新教育会影响学生学习成绩，而不敢或不愿或不能全心投入，这也影响了全区新教育的整体均衡推进。那么，实施新教育到底会不会影响学生的考试成绩呢？现就金丽老师在高兴镇中心小学所带的"金星班"的孩子们的成长情况，一探究竟。

2010 年高兴镇小学一年级共有 9 个班级，其中金丽老师就接手了一个整体状况最差的班级（共有 41 个孩子，没有一个教师子女、没有一个机关子女，且还有残疾学生）。接手班级后，金老师没有任何怨言，从一开始，就全身心扑在学生身上，紧紧守住自己的教室，守望孩子成长，创造性地实施新教育，用新教育的甘泉滋润着每一个孩子。她倾心缔造完美教室，开展大阅读，聆听窗外声音，培育卓越口才，研发卓越课程，创新家校共育模式。她把办公桌搬到教室后排，有时候干脆陪孩子们一起午休。对于家庭经济困难学生，她总是热心帮助，并且主动联系爱心组织，给予支持；她组织学生为大西北捐建了一口"水窖"；春节前，她带领学生赶大集，体验"年味"，她还组织学生进工厂、进社区、进茶园茶厂；她研发实施的口琴课程、二十四孝课程、舞蹈课程等班本课程有 20 多门；她最早把家长请进教室，一起上课，并且邀请家长讲述"职业课程"；她的学生多次代表学校参加经典诵读比赛、戏剧比赛；她的学生即使在外出比赛休息期间，也能自觉地认真读书……她充分尊重孩子的身心特点、个体差异和成长规律，努力为每个孩子奉上最适合的教育，全班学生个个阳光、健美、自信。这一坚守，就是五年；这一守望，就是1800多个日夜。她也先后被评为全国"十佳完美教师""十佳榜样教师"（双十佳），以及"山东省明星青年教师""日照市优秀班主任"等。2015年暑假期间，岚山区在高兴镇召开新教育缔造完美教室现场观摩会，金老师带领她的孩子们以及家长，共同讲述了一段将近3小时的"金星班的故事"，给与会者以极大的震撼，成为引领全区新教育的一面旗帜。

时光荏苒，从2015年到2019年，四年过去了，"金星班"的孩子们已经初中毕业了，那么，"金星班"的孩子们成长得如何呢？

在2019年的中考中，高兴镇共有302名考生，其中600分以上的64人，"金星班"就占了11个，并且高分居多，外加1个日照一中自招美术特长生。全镇过700分的共有5个学生，"金星班"就占了2个。综合看，500分以上的学生中"金星班"共有21个。

实践证明，新教育不但丰盈了孩子们的成长状态，滋润了孩子们的心田，培养了他们良好的学习生活习惯；更为重要的是，它拓展了学生的成长空间，使学生的生命呈现出最大伸展的可能性，为其文化课的学习提供了旺盛的生命力和强大的自信心。也许我们一时看不到特别的显山露水，但是，在一个阶段后会呈现出整体的令人满意的效果，并且，对于更长远的未来，其发展前景也是可期的。而这完全符合党的教育方针，也正是我们教育工作者所追求和期待的，更是国家和民族发展所需要的。金丽老师所带的班级，就是实施新教育的一个活生生的成功案例，值得我们学习和借鉴。

　　事实证明，新教育只会促进学生的学习成绩。一味地追求分数，就好像抓了一把沙子，抓得越紧，最后沙子越少。反之，我们注重孩子整体的成长，注重丰富课程资源，注重因材施教，注重良好习惯的培养，帮助孩子把成长的底色打好，孩子们的成长状态好了，其学习成绩不好都难。小学阶段正是一个人发育和成长的最为关键的阶段，我们不仅希望孩子走得快，更希望孩子走得远，尤其希望孩子过好每一天！

山东省日照市岚山区教育科学研究中心

2019 年 9 月 14 日